스마트폰과 헤어지는 법

스마트폰과 헤어지는 법

도둑맞은 내 시간을 되찾는 30일 플랜

캐서린 프라이스 지음 ― 박지혜 옮김

How to Break Up with Your Phone

갤리온
GALLEON

클라라에게,
네가 집중해야 하는 건
바로 네 인생이란다.

스마트폰에게,

난 우리의 첫 만남을 아직도 기억해. 넌 AT&T(미국의 통신회사)를 통해서만 구할 수 있는 값비싼 신상 기계였지. 그때만 해도 나는 절친의 전화번호 정도는 기억에서 꺼내 외울 수 있는 사람이었어. 네가 갓 출시되었을 때 너의 터치스크린이 내 시선을 끌었다는 건 인정할게. 하지만 뭔가 새로운 걸 시작하기엔 난 폴더폰으로 문자 메시지를 입력하느라 너무 바빴어.

그러다가 네가 내 손에 들어왔고, 상황은 빠르게 변하기 시작했지. 우리가 모든 것을 함께 하는 데는 그리 오랜 시간이 걸리지 않았어. 산책하고, 친구와 점심을 먹고, 휴가를 갈 때도 함께였지. 화장실에서조차 너와 함께라는 게 처음에는 이상했지만, 지금은 우리가 공유하는, 한때 사적이었던 순간 중 하나일 뿐이야.

이제 너와 나, 우리는 떨어질 수 없는 관계야. 내가 잠들기 전 마지막으로 만지는 것도, 아침에 눈뜨자마자 가장 먼저 만지는 것도 너야. 넌 나의 병원 진료 예약, 쇼핑 목록, 기념일을 모두 기억해주지. 내 친구들의 생일에 보낼 수 있는 파티 분위기의 축하 이모티콘도 가지고 있어. 전화가 아닌 문자 메시지로 생일을 축하한다고 해서 친구들이 상처받지는 않을 거야. 오히려 '와, 움직이는 풍선 이모티콘이네!'라고 생각하겠지. 나의 회피 전략이 사려 깊은 행동으로 이해될 수 있는 건 네 덕분이야. 정말 고맙게 생각해.

스마트폰, 넌 정말 굉장해. 진심으로 하는 말이야. 너는 시간과 공간을 넘나들며 여행할 수 있도록 해주지. 네 화면을 들여다보느라 자야 할 시간보다 세 시간이나 지나도록 깨어 있었던 무수히 많은 밤들을 생각하면 나 자신도 놀라워. 우리가 같이 잠이 든 횟수는 셀 수 없을 정도야. 때때로 내가 꿈을 꾸고 있는지 스스로 꼬집어봐야 했는데, 믿지 못하겠지만 난 꿈이길 바랐어. 왜냐하면 우리가 만난 이후로 뭔가가 내 수면을 방해하는 것 같거든. 너는 내게 믿을 수 없을 만큼 많은 선물들도 안겨주었어. 물론, 그중에는 너와 욕조에서 '휴식을 취하는' 동안 내가 온라인으로 구매한 것들이 많긴 해.

네 덕분에 나는 더 이상 외로울까 걱정할 필요가 없어. 내가 불안하거나 속상할 때면 넌 언제나 내 주의를 돌릴 수 있도록 게임, 뉴스 피드, 혹은 급속도로 유명해진 판다의 동영상을 제공하지.

지루함은 또 어떻고. 몇 년 전까지만 해도 나는 공상에 잠기거나 생각하는 것 외엔 시간을 때울 방법이 없었어. 심지어 회사에서 엘리베이터를 타면 같이 탄 사람들을 쳐다보는 일 외엔 할 게 없는 때도 있었다니까? 무려 여섯 층을 올라갈 동안 말이야!

요새는 내가 마지막으로 지루했던 게 언제였는지 기억도 안 나. 그러고 보니 이제 많은 것들을 기억하지 못하게 되었네. 예를 들면, 친구들과 식사할 때 우리 중 누구도 스마트폰을 꺼내지 않고 식사 한 끼를 마쳤던 게 언제였는지 모르겠어. 앉은 자리에서 잡지에 실린 기사 한 편을 다 읽는다는 게 어떤 느낌이었는지도. 지금 이 문단 바로 앞의 문단에서 내가 무슨 말을 했는지, 내가 누구의 메시지를 읽으며 걷다가 그 기둥에 부딪혔는지도 모르겠어.

어쨌든, 내가 하고 싶은 말은 너 없이는 살 수 없다는 느낌이 든다는 거야. 그게 바로 내가 너에게 헤어지자고 말하기가 이토록 힘든 이유야.

이건 분명히 해두고 시작하자. 이 책의 목적은 여러분이 스마트폰을 버스 바퀴 아래로 던져버리게 만들려는 게 아니다. 누군가와 헤어진다고 해서 그 사람과의 인간관계를 완전히 끊어버린다는 의미가 아니듯, 스마트폰과의 '이별'이 터치스크린의 스마트폰에서 다이얼식 전화기로 돌아간다는 뜻은 아니다.

어쨌든 간에 우리가 스마트폰을 사랑하는 데에는 무수한 이유들이 존재한다. 스마트폰은 카메라이자 디제이다. 우리가 가족이나 친구와 연락을 주고받도록 도와주고, 일상에서 질문할 수 있는 사소한 모든 것들에 대한 답을 알고 있다. 교통정보와 날씨 정보를 알려주며, 우리의 일정과 연락처 목록을 저장해둔다. 한마디로, 스마트폰은 놀라운 도구다.

하지만 스마트폰은 어떤 면에서 **우리가** 도구처럼 행동하게 만들기도 한다. 우리 중 대부분은 스마트폰을 꺼내지 않고 식사 한 끼나 영화 한 편을 끝내기 힘들어하고, 심지어는 신호 대기 중에도 스마트폰을 본다. 드물긴 하지만 우연히 집에 스마트폰을 두고 나온 날이면 무심코 주머니에 손을 넣었다가 스마트폰이 거기 없다는 사실을 깨달을 때마다 반복해서 불안함을 느낀다. 여러분이 여느 사람들과 비슷하다면, 지금 이 순간에도 여러분의 스마트폰은 손을 뻗으면 닿을 수 있는 위치에 있을 테고, 스마트폰에 대해 언급하는 것만으로도 여러분은 스마트폰을 들어 뭔가를 확인하고픈 충동을 느낄 것이다. 뉴스나 메시지, 이메일, 혹은 날씨. 그게 뭐든 말이다.

그렇다면 손을 뻗어서 확인해보라. 그리고 다시 이 책으로 돌아와서 여러분의 기분에 주목해보자. 차분한가? 집중한 상태인가? 만족스러운가? 아니면 약간 산만하고 불편하며, 이유는 모르겠지만 조금 스트레스를 받은 느낌인가?

스마트폰이 우리 삶에 들어온 지 10여 년이 지난 오늘날, 우리는 스마트폰이 마냥 긍정적인 영향만 주는 건 아닐 수도 있다고 의심하기 시작했다. 바쁘게 사는 느낌은 들지만 효과적이진 않다. 연결되어 있지만 외롭다. 우리에게 자유를 주는 기술인 동시에 우리에게 채워진 목줄이기도 하다. 스마트폰과 점점 더 밀착될수록 실제 통제권을 지닌 주체가 누구인지 의문만 강해진다. 그 결과, 우리는 이러지도 저러지도 못하는 긴장 상태에 놓여 있다. 스마트폰을 사랑하지만 스마트폰으로 인해 기분이 좌지우지되는 건 싫다. 그런데 아무도 이런 상태에서 무엇을 해야 할지 모르는 듯하다.

스마트폰 자체가 문제는 아니다. 문제는 스마트폰과 우리의 관계다. 스마트폰은 우리 삶에 너무도 빠르고 철저하게 침투했기에 우리는 스마트폰과의 관계가 어떻기를 바라는지, 혹은 그것이 우리 삶에 어떤 영향을 주고 있는지 잠시 멈춰 생각해본 적이 없다. 스마트폰의 어떤 기능이 우리의 기분을 좋게 하고, 또 나쁘게 하는지 잠시 멈춰 생각해본 적도 없다. 스마트폰을 내려놓기가 왜 이렇게 힘든지, 우리가 스마트폰을 집어 들면 누구에게 이득이 되는지도 고민해본 적이 없다. 각종 기기들과 그토록 많은 시간을 보내는 동안 우리의 뇌에 무슨 일이 일어나는지, 타인과의 연결 수단으로 홍보되는 기기가 실제로는 타인과 우리를 떨어뜨릴 수도 있다는 사실에 대해서도 짚어본 적이 없다.

스마트폰과의 '이별'은 여러분 자신에게 멈추어 생각할 기회가 주어진다는 의미이며, 스마트폰과 여러분의 관계 중 어떤 부분이 적절하고 어떤 부분이 그렇지 않은지 파악한다는 뜻이다. 이 '이별'을 통해 여러분은 온·오프라인 인생에 경계를 설정하고, 스마트폰을 어떻게, 왜 사용하는지 의식하게 될 것이다. 그리고 스마트폰이 여러분의 사용 방식과 이유를 조작하고 있다는 사실도 인지하게 될 것이다. 여러분의 뇌에 스마트폰이 미치던 영향을 멈추게 될 것이고, 화면상에서 벌어지는 일들보다 실제 삶의 관계를 우선시하게 될 것이다.

스마트폰과의 이별은 여러분에게 앞으로 스마트폰과 장기적 관계를 형성할 수 있는 공간, 자유, 도구를 선사한다. 여러분이 스마트폰에서 좋아하는 부분은 유지하면서 좋아하지 않는 부분은 빼버린, 새로운 관계 말이다. 말하자면 여러분이 건강하고 행복한 기분을 느끼는 관계, 여러분이 통제의 주체가 되는 관계다.

현재 스마트폰과 여러분의 관계가 어떤 상태인지 궁금하다면 '스마트폰 강박 테스트 Smartphone Compulsion Test'[1]를 해보자. 이 테스트를 고안한 데이비드 그린필드 David Greenfield 박사는 코네티컷대학교 정신건강의학과 교수로, 인터넷 및 기술 중독 센터 Center for Internet and Technology Addiction의 설립자다. 테스트는 간단하다. 다음의 체크리스트를 확인해보고 자신이 해당되는 문항에 표시하면 된다.

스마트폰 강박 테스트

1	당신은 스스로 생각하는 것보다 더 많은 시간을 스마트폰에 쓰고 있습니까?
2	주기적으로 스마트폰을 바라보며 아무 생각 없이 시간을 보내고 있는 자신을 발견합니까?
3	스마트폰을 보느라 시간이 가는 줄 모르는 경우가 있습니까?
4	실제로 사람과 대화하는 것이 아니라, 문자 메시지를 보내거나 트위터를 하거나 이메일을 쓰는 데 더 많은 시간을 보내곤 합니까?
5	스마트폰에 사용하는 시간이 갈수록 늘어나고 있습니까?
6	당신의 스마트폰과 조금 거리가 멀어지길 바랍니까?
7	스마트폰을 (켠 채로) 베개 밑이나 침대 곁에 두고 잠드는 경우가 많습니까?
8	당신이 하는 일에 방해가 되는데도 수시로 메시지, 트윗, 이메일을 확인하고 답장을 보냅니까?
9	주의와 집중력을 요하는 운전이나 다른 유사한 행동을 하면서, 메시지, 이메일, 트윗, 스냅챗, 페이스북 메시지를 보내거나 인터넷 서핑을 합니까?
10	스마트폰 사용이 때때로 당신의 생산성을 떨어뜨린다고 느낍니까?
11	잠깐이라도 스마트폰이 없는 상태가 되는 것이 꺼려집니까?
12	차 안이나 집에 스마트폰을 우연히 두고 오거나, 통신사 서비스가 제공되지 않거나, 스마트폰이 고장 나면 쉽게 기분이 나빠지거나 불편함을 느낍니까?
13	식사할 때 스마트폰이 항상 식탁 위에 올려져 있습니까?
14	스마트폰이 울리면 메시지, 트윗, 이메일, 업데이트 등을 확인하고 싶은 강한 충동을 느낍니까?
15	확인해야 할 새롭거나 중요한 일이 없다는 걸 알면서도 하루에도 몇 번씩 스마트폰을 무의식적으로 확인하는 자신을 발견합니까?

자, 몇 개의 문항에 표시했는가? 표시한 문항의 개수에 따라 그린필드는 다음과 같이 설명한다.

1~2개	당신의 행동은 정상 범위에 속하지만, 그렇다고 스마트폰을 많이 사용해도 좋다는 의미는 아니다.
3~4개	당신의 행동은 문제가 있는 혹은 강박적인 스마트폰 사용 범위에 가깝다.
5~7개	당신은 문제가 있는 혹은 강박적인 스마트폰 사용 패턴을 지니고 있을 가능성이 있다.
8개 이상	행동 중독을 전문적으로 다루는 심리학자, 정신건강의학과 의사, 혹은 심리치료사와의 상담을 고려해보길 바란다.

여러분이 대부분의 사람들과 비슷하다면, 이제 자신이 정신감정을 의뢰할 수준이란 것을 알게 되었을 것이다. 하지만 솔직히 터놓고 말해서, 이 테스트에서 5개 미만으로 선택하는 방법은 스마트폰을 가지고 있지 않은 것뿐이다.

이런 행동과 감정들이 보편적이라고 해서 그것이 무해하거나 이 테스트가 지나치게 극단적이란 의미는 아니다. 오히려 우리가 생각하는 것보다 문제가 더 심각할 수도 있다는 점을 암시한다. 이를 증명하기 위해 다음과 같은 게임을 해보려고 한다. 공공장소에 가게 되면 아이들을 포함해 여러분 주변에 있는 사람들 중 몇 명이 스마트폰을 쳐다보고 있는지 확인해보라. 그리고 그들이 스마트폰을 쳐다보는 대신 서로 총을 쏘고 있다고 상상해보라. 주위 사람의 절반이 총을 쏘고 있는 상황이 과연 정상적이거나 괜찮은 걸까?

실제로 스마트폰이 마약만큼 중독성이 있다고 말하는 건 아니다. 하지만 그렇다고 해서 아예 문제가 없다고 믿는다면 그건 스스로를 속이는 일이라고 생각한다. 다음의 문장들을 읽어보자.

○ 미국인은 평균적으로 하루에 약 47회 스마트폰을 확인한다. 만 18~24세 인구의 일평균 스마트폰 확인 횟수는 82회다. 이를 종합하여 계산하면 매일 90억 회 이상의 스마트폰 확인이 이루어지고 있는 셈이다.[2]

○ 미국인은 평균적으로 하루 4시간 이상 스마트폰을 사용한다. 일주일이면 약 28시간, 한 달이면 112시간, 1년이면 56일에 해당하는 수치다.[3]

○ 약 80퍼센트의 미국인이 기상 후 30분 이내에 스마트폰을 확인한다.[4]

○ 약 50퍼센트의 미국인이 한밤중에 스마트폰을 확인한다(만 25~34세 인구의 경우 75퍼센트 이상에 달한다).[5]

○ 스마트폰을 지나치게 많이 사용한 나머지 우리는 스스로 '엄지 통증 texting thumb', '거북목 증후군text neck', '휴대전화 엘보cellphone elbow'와 같은 반복긴장성 부상repetitive strain injury을 야기하고 있다.[6]

○ 보고에 따르면, 미국인의 80퍼센트 이상이 '깨어 있는 시간 동안 거의 늘' 스마트폰을 자기 근처에 두고 있다.[7]

○ 10명의 미국인 중 약 5명은 '스마트폰 없는 삶은 상상할 수 없다'라는 문장에 동의한다.[8]

○ 10명의 미국 성인 중 약 1명은 성관계를 하는 도중 스마트폰을 확인한다고 인정한다(그렇다. 심지어 성관계 중에도 말이다).[9]

하지만 내가 가장 놀란 설문 조사 결과는 따로 있다. 미국 심리학회American Psychological Association가 실시하는 연례 조사인 「미국의 스트레스Stress in America」의 2017년 보고서에 따르면, 미국 성인의 약 3분의 2가 주기적으로 '언플러깅unplugging(전기 제품의 코드를 뽑는다는 의미로 전자기기의 사용을 줄이거나 아예 전원을 끄는 행동을 뜻한다—역주)'이나 '디지털 디톡스'를 하면 자신들의 정신 건강에 좋을 거라는 데 동의했다.[10] 그리고 동의한 사람 중 약 4분의 1은 실제로 그렇게 하고 있다고 밝혔다.

건강 및 과학 분야의 저널리스트로서 나는 이 모순된 상황이 굉장히 흥미롭다. 이건 개인적인 관심 때문이기도 하다. 나는 당뇨, 영양화학, 내분비학부터 마음 챙김, 긍정 심리학, 명상까지 아우르는 다양한 주제에 관한 책과 기사를 15년이 넘도록 써오고 있다. 라틴어와 수학 선생님으로 잠깐 일했던 때를 제외하곤, 나는 언제나 나 자신의 상관으로 지내왔다. 자기 사업을 시작한 사람이라면 누구든 알겠지만, 프리랜서로 살아남는 건 엄청난 자기 수양과 집중(비타민의 역사에 관해 쓰는 데 장장 3년이나 걸렸다. 맙소사!)을 요한다. 지금쯤 여러분은 나의 시간 관리 기술이 아주 잘 단련된 게 분명하다고 생각할 것이다.

사실, 지난 몇 년 동안 나의 시간 관리 기술은 오히려 더 나빠졌다. 주의 지속 시간은 짧아졌고 기억력도 더 약해진 것 같다. 집중력은 흔들리고 있다. 물론, 이 중 일부는 나의 뇌 속에서 일어나는 자연적 노화에 따른 변화일 수도 있다. 하지만 생각하면 할수록 외부적 요인이 작용하고 있는 건 아닌지 의심된다. 그리고 그 요인이 다름 아닌 내 스마트폰일 거라는 생각이 든다.

성인기와 다르게 유년기의 나는 상대적으로 스크린을 덜 보고 자랐다. 우리 집엔 텔레비전이 있었고 나는 학교에서 돌아와 만화 보기를 즐겼지만, 상당수의 주말 아침을 침대에 누워 『빨간 머리 앤』을 읽거나 멍하니 천장을 쳐다보며 보냈다. 내가 고등학교에 입학했을 때 우리 집에 처음으로 모뎀이 설치되었고 나는 곧 아메리카온라인America Online, AOL(미국의 인터넷 서비스 제공사―역주), 더 정확히 말하자면 '10대 채팅' 방에 빠져들었다. 그곳에서 얼굴 없는 이방인들에게 추파를 던지거나 사람들의 틀린 문법을 고쳐주는 재미에 빠진 나는 한 번 접속하면 몇 시간씩 헤어 나오질 못했다. 1세대 휴대전화(음성 통화, 문자 메시지 발송 등 기본적인 기능만 갖춘 휴대전화. '피처폰'

이라고 불린다―역주)가 보급되기 시작할 무렵 나는 대학을 졸업했다. 말하자면, 나는 인터넷과 함께 나이를 먹은 세대다. 인터넷이 없던 세상을 기억할 만큼 늙기도 했지만, 인터넷이 없는 세상은 상상할 수 없을 만큼 젊기도 하다.

2010년에 나의 첫 스마트폰이 생겼고 얼마 지나지 않아 나는 어딜 가든 스마트폰을 가지고 다니게 되었다. 난 끊임없이 스마트폰을 쳐다보느라 바빴는데, 한번 보기 시작하면 몇 초에서 때로는 몇 시간씩 지나가 있곤 했다. 돌이켜보면 다른 일들도 동시에 일어나고 있었다. 예를 들어, 책을 덜 읽게 되었고 친구와 보내는 시간이 줄었다. 내게 즐거움을 준다는 걸 알고 있는, 음악 연주 같은 취미에도 시간을 덜 쓰게 되었다. 설령 취미 활동을 하더라도 집중력 지속 시간이 짧아져서 나자신을 완벽히 몰입시키기가 전보다 힘들어졌다. 하지만 당시의 나는 이 모든 것들 사이에 어떤 연결고리가 있을 거라곤 생각지 못했다.

연인과의 관계가 나빠졌다는 사실을 알아차리는 데 긴 시간이 걸리는 것과 같이, 스마트폰과 나의 상호작용에 뭔가 잘못되었다는 걸 깨닫기까지 오랜 시간이 걸렸다. 나는 언제부턴가 '그냥 확인하려고' 스마트폰을 집어 들었다가 고개를 들어보니 한 시간이 훅 지나가버린 경우가 많아졌다는 걸 눈치채기 시작했다. 도착한 메시지에 답을 보내며 메시지를 주고

받는 데 30분이나 매달리게 되니, 실제로 만나서 대화하는 것보다 부담은 크면서도 뭔가 충족되지 않은 느낌이 여전했다. 잔뜩 기대하며 앱을 열었는데 내가 찾던 만족감을 얻을 수 없어 실망하기도 했다.

내가 했던 행동들에 기본적으로 잘못된 점이 있지는 않다. 내가 이상하다고 느낀 포인트는 얼마나 자주 아무 생각 없이 그런 행동들을 했느냐다. 얼마나 많은 현실의 경험을 스마트폰이 대신하며, 스마트폰과 관련된 일들이 얼마나 나를 기분 나쁘게 했느냐다. 나 자신을 달래기 위해 스마트폰으로 손을 뻗지만, 위로받는 기분이 들다가도 곧 경계를 넘어 무감각한 상태가 되어버리는 일이 종종 일어나고 있었다.

작업하고 있던 문서의 '저장하기' 버튼을 누를 때마다 새로운 이메일이 왔는지 확인하기 위해 스마트폰으로 자연스레 손을 뻗는, 일종의 신체적 틱 반응이 내게 생겼다는 걸 깨달았다. 친구, 의사 진료, 엘리베이터 등 뭔가를 기다려야 할 때면 항상 스마트폰이 내 손에 쥐어져 있었다. 나는 대화를 나누는 도중에도 스마트폰을 힐끔힐끔 쳐다보곤 했다(이 행동은 요즘 사람들 사이에 너무 흔한 습관이라, 이를 지칭하는 신조어까지 생겼다. '퍼빙phubbing'이라고 하는데, '스마트폰phone'과 '무시하다snubbing'를 합친 말로 스마트폰에 정신이 팔려 주변을 무시하는 행동이나 그런 사람을 지칭한다). 다른 사람들이 대화 도중 스마트폰을 보며

나를 무시하면 얼마나 짜증이 났는지는 까맣게 잊은 채 말이다. 나는 혹시나 중요한 뭔가를 놓칠세라 계속해서 스마트폰을 확인하고 싶은 충동에 휩싸였지만, 내가 하고 있던 일들을 생각해보면 **중요하다**고 표현할 만한 건 거의 없었다.

설상가상으로, 내 불안을 낮춰주지는 못할망정 스마트폰을 확인함으로써 오히려 불안이 가중되기까지 했다. 잠들기 전 잠깐 스마트폰을 봤다가 메일 수신함에 스트레스를 유발하는 메일이 와 있는 걸 발견한다. 그러고 나서 걱정하느라 1시간 동안 잠을 이루지 못하고 뒤척인다. 다음 날 아침까지 해결하지 않아도 아무런 문제가 일어나지 않는 일인데 말이다. 잠시 쉬려고 스마트폰을 집어 들었다가 오히려 머릿속이 복잡하고 피곤한 상태가 되기도 한다. 나는 일 외에 다른 흥미를 좇을 시간이 없다고 주장하곤 했지만, 과연 그랬을까?

내 인생의 너무 많은 측면에서 스마트폰 앱에 기대는 경향이 커지고 있는 것도 걱정이다. 길 찾기부터 밥 먹을 식당을 결정하는 것까지 스마트폰에 의존하다 보니, '**당신이 가진 것이 망치뿐이라면 온 세상이 못처럼 보인다**'라는 말의 스마트폰 버전이 등장할지도 모르겠다. 내 인생이 나아갈 길을 찾는 데 스마트폰을 더 많이 사용할수록, 스마트폰 없이 인생이 나아갈 방향을 찾는 내 능력은 더 줄어드는 것 같다.

「미국의 스트레스」 2017년 보고서의 통계를 보면 이런 걱정을 하는 사람이 나뿐만이 아님을 알 수 있다. 그래서 내 개인적 호기심을 하나의 전문적인 프로젝트로 키워보기로 결심했다. 스마트폰 사용 시간이 내게 미치는 정신적·사회적·신체적 영향에 대해 알고 싶었다. 내 스마트폰이 나를 무감각하고 멍하게 만드는지 알고 싶었다.

이 프로젝트 초창기에 했던 시도들은 그리 큰 성과를 내지 못했다. 당시 나는 너무 산만했다. 내가 스마트폰에 관해 썼던 초기의 글들을 보면 집중력 장애가 있는 사람이 쓴 일기처럼 보인다. 메시지를 보내며 길을 건너는 사람들에 대한 불만을 이야기하다가, 갑자기 사용자에게 디지털 숲 관리를 맡겨서 스마트폰 사용을 자제하도록 하는 앱에 대한 설명으로 넘어간다. 이렇게 일관성 없는 생각들을 끄적이다 말고 대뜸 온라인 쇼핑으로 스포츠브래지어 세 벌을 구매했다고 고백하는 식이다.

마침내 간신히 집중할 수 있게 되었을 때, 나는 스마트폰 및 다른 인터넷과 연결된 무선 모바일 기기Wireless Mobile Device (일부 연구자들은 반농담조로 대량 살상 무기Weapon of Mass Destruction 와 같은 이니셜을 써서 WMD라고 부른다*) 사용 시간과 집중력 지

---

* 태블릿 역시 스마트폰과 비슷한 문제를 가져올 수 있다는 사실을 고려해서 이 책에 더 정확한 제목을 붙인다면 'How to Break Up with Your Wireless Mobile

속 기간 단축 사이에 상관관계가 존재한다고 할 수 있는 증거를 찾아냈다. 이 기기들에 관한 연구가 초기 단계이긴 하지만(우리 주변에 존재하게 된 지 10년 남짓밖에 되지 않았다는 사실을 생각하면 놀랍지 않다), 현재까지 알려진 바에 따르면 무선 모바일 기기를 오랫동안 사용할 경우 뇌의 구조와 기능이 모두 변한다. 여기에는 새로운 기억을 형성하고, 깊이 생각하며, 집중하고, 읽은 내용을 흡수해서 기억하는 능력이 포함된다. 다수의 연구에서 과도한 스마트폰 사용(특히 소셜미디어)을 신경증, 자존감, 충동성, 공감 능력, 자아 정체성, 자아상에 대한 부정적 영향과 연관 짓고 있으며, 수면 문제, 불안, 스트레스, 우울증과도 관련이 있다고 본다.[11]

우리를 우울하게 하는 것에 관한 이야기가 나와서 말인데, 다수의 연구자는 우리(특히 10대)가 실제 살아 있는 타인과 상호작용하는, 혹은 상호작용하지 않는 방식에 스마트폰이 커다란 영향을 미친다는 결론을 내리고 있다. 우리의 사회적 상호작용이 스마트폰 스크린으로 옮겨감으로써 발생하는 심리

Device(당신의 무선 모바일 기기와 헤어지는 법)'가 될 수도 있을 것이다. 실제로 스마트폰이 다른 기기로 대체되는 데 오랜 시간이 걸리지 않을 것이라는 전망도 있다. 나는 지금의 제목을 그대로 고수할 예정이지만, 독자 여러분이 원한다면 이 책에 언급된 스마트폰을 본인이 현재 사용하고 있는 'WMD'와 바꿔서 생각해도 좋다.

적 영향은 너무도 심각해서 『#i세대igen』의 작가 진 트웬지Jean Twenge는 'i세대(스마트폰을 사용하며 성장한 세대)를 수십 년 만에 최악의 정신 건강 위기에 직면한 세대라고 부르는 건 전혀 과장된 묘사가 아니다'라고 이야기하기도 했다.[12] 25년 동안 세대별 차이점을 연구해온 (그리고 여태껏 이렇게 많은 극적인 변화가 이토록 빠른 속도로 일어나는 건 본 적이 없다고 주장하는) 그녀는 "이렇게 상황이 나빠진 원인을 추적해보면 대부분 스마트폰으로 귀결된다"라고 설명한다.

나는 문자 언어의 역사에 관해 배웠고, '기사'가 아니라 책의 형식으로 작성된 문자를 읽는 행동이 우리의 뇌를 어떻게 변화시켜서 깊은 사고를 유도하는지 배웠다. 인터넷상의 정보 표시 방식이 집중력 지속 시간과 기억력에 가하는 위협에 대해 알려진 바가 무엇인지, 어떻게 특정 스마트폰은 내려놓기 힘들도록 의도적으로 고안되는지 (그리고 여기서 이득을 취하는 이는 누구인지) 살펴보았다. 습관, 중독, 신경 가소성에 대한 글을 읽었고, 스마트폰이 아니었다면 정신적으로 건강했을 사람들이 어떻게 나르시시즘, 강박장애Obsessive-Compulsive Disorder, OCD, 주의력 결핍 및 과잉 행동 장애Attention Deficit Hyperactivity Disorder, ADHD 등 정신 질환의 징후를 보이게 되는지도 조사했다.[13]

그리고 정신 및 신체 건강에 관한 기사를 써왔던 긴 세월 동안 내가 진행했던 인터뷰를 되짚어보았다. 깊이 파고들 수록, 점점 더 스마트폰이 문제가 있는 관계의 파트너처럼 보이기 시작했다. 나 자신을 혐오하도록 밀어냈다가 다시 끌어당기는 힘을 지닌 사람(물건이라고 부르는 게 적합할지도 모르겠다) 말이다. 관련 자료들을 더 많이 읽을수록, 무선 모바일 기기들에 얽매여 있는 상태가 결코 사소한 문제가 아님을 점점 더 확신하게 되었다. 이건 분명 진지하고 심각한 문제이며 사회적 중독에 이른 문제라고까지 말하고 싶다. 우린 이 문제에 대처하기 위해 어떤 행동을 취할 필요가 있다.

하지만 아무리 열심히 뒤져보아도 정작 내가 찾던 핵심적인 한 가지는 찾을 수 없었다. 바로, 해결책 말이다. 규제와 제한 몇 가지를 조합해서 스마트폰 사용 시간을 줄이는 팁이나 트릭을 알려주는 책과 기사는 있었다. 하지만 훨씬 더 복잡한 문제를 처리하기엔 피상적이었다.

난 우리가 스마트폰에 손을 뻗는 많은 이유 중 일부는 순수하게 실질적이고, 또 다른 일부는 무의식에 의한 것이며, 일부는 놀랍게도 정서와 깊이 연관된 것이란 사실을 깨달았다. 단순히 스스로에게 스마트폰을 더 적게 사용하라고 말하는 건 '나쁜 영향을 주는 사람에게 더 이상 끌리지 마라'라고 말하는 것과 같다. 말은 쉽지만 실제로 행동에 옮기려면 괜찮은 심리치료사를 구하거나, 적어도 굉장히 고심해서 만든 계획이 필요하다. 하지만 세상에 그런 계획이란 존재하지 않는 것 같았기에 직접 만들어보기로 결심했다.

첫 번째 단계는 개인적 실험이었다. 남편과 나는 스마트폰과 그 외 인터넷이 가능한 모든 기기들로부터 24시간 동안 떨어져 있는 방법으로 디지털 디톡스를 하기로 결심했다. 어느 금요일 밤, 우리는 저녁 식사를 위해 식탁에 앉았고 나는 초에 불을 붙였다. 우리는 각자의 스마트폰을 마지막으로 한 번 쳐다본 후, 전원을 꺼버렸다. 꼬박 24시간 동안. 태블릿과 컴퓨터도 멀리했다. 금요일 밤부터 토요일 밤까지 우리는 스크린과의 관계를 완전히 끊어버렸다.

그 24시간 동안 얼마나 어색했는지, 어떤 기분이 들었는지 생각해보면 눈이 번쩍 뜨이는 듯하다. 처음에는 둘 다 스마트폰에 손을 뻗고 싶은 충동을 계속 느꼈다. 중요한 전화나 메시지를 놓칠까 걱정해서라고 스스로 설득했지만, 솔직히 말하자면 의존의 징후였다. 하지만 우리는 충동을 이겨냈다. 다시 스마트폰 전원을 켜야 할 시간이 다가왔을 때, 전원을 켜기 싫어하는 스스로의 모습에 얼마나 놀랐는지 모른다. 우리의 태도가 그토록 빨리 전환되었다는 사실이 놀라웠다. 이 경험을 통해 스트레스를 받는 대신 원기가 회복된 것만 같은 기분이 강하게 들었다. 그래서 우리는 다시 한번 디지털 디톡스를 하기로 결심했다.

우리는 이 의식을 '디지털 안식일Digital Sabbath'이라 부르기로 하고, 두 번, 세 번 거듭했다. 그렇게 디지털 안식일이 하나의 리듬으로 자리 잡으면서 문제가 해결되기 시작했다. 집중력을 흩트리는 스마트폰이 없으니 시간이 느리게 가는 것만 같았다. 우리는 나가서 산책을 하고, 책을 읽고, 더 많은 대화를 나눴다. 나는 더 건강해지고 탄탄한 균형이 잡힌 듯한 기분이 들었다. 마치 잃어버린 걸 알아차리지도 못했던 나의 일부와 다시 연락이 닿은 것처럼. 흥미로운 건 디지털 안식일의 효과가 그 뒤로 며칠 동안 지속되는 듯했다는 사실이다. 일종의 **기분 좋은** 디지털 숙취랄까?

이렇게 되니 나는 디지털 안식일을 가진 주의 나머지 요일들에도 나와 내 스마트폰과의 관계에 변화를 주고 싶었다. 안식일이 주는 좋은 기분이 영구적으로 지속되는지 보고 싶었다. 하지만 스마트폰을 완전히 끊지 않으면서 이게 가능할까? 나는 스마트폰이 나를 조종하는 건 원치 않았지만, 그렇다고 해서 스마트폰을 완전히 포기할 수도 없다는 사실을 알고 있었다. 그건 마치 나쁜 걸 버리려다가 좋은 것까지 버리는 격이 될 테니 말이다.

나는 균형을 원했다. 스마트폰이 유용하거나 재미있을 때 그것을 사용하되, 아무 생각 없이 스크린을 훑으며 그 속으로 빨려 들어가지 않기를 바랐다. 나는 스마트폰과의 관계를 새로 정립하고 싶었다. 그리고 이 새로운 관계를 형성하기 위해서는 현재의 관계로부터 한 걸음 뒤로 물러날 필요가 있다는 걸 깨달았다. 나만의 공간이 필요했다. 스마트폰과 헤어져야 했다.

내가 사람들에게 '스마트폰과 헤어지는 중'이라고 이야기하면 그들은 내게 그게 무슨 뜻인지 혹은 내가 왜 그러는지 묻지 않았다. 대신, 그들은 모두 정확히 이렇게 말했다.

"나도 그래야 하는데."

나는 그들의 도움을 받기로 했다. 자발적으로 도움을 줄 사람들을 모집하는 이메일을 보냈고, 곧 150명의 참가자가 기꺼이 실험용 기니피그가 되고 싶다는 의사를 밝혔다. 참가자들의 연령대는 21세에서 73세까지로 다양했으며, 지역별로는 6개국, 미국 내에서는 15개 주의 사람들로 구성되었다. 이들의 직업은 선생님, 변호사, 의사, 작가, 마케터, 주부, 데이터 과학자, 컴퓨터 프로그래머, 에디터, 전문 투자자, 비영리단체장, 자영업자로 다양했고, 자영업자에는 보석 세공사, 그래픽 디자이너, 음악 선생님, 셰프, 인테리어 디자이너가 포함되어 있었다.

나는 마음 챙김, 습관, 선택 설계, 집중, 주의, 명상, 제품 디자인, 행동 중독, 신경 가소성, 심리학, 사회학, 와해성 기술의 역사에 관해 진행했던 나의 연구를 토대로 읽을거리와 과제물을 만들어 나의 '기니피그'들에게 보냈다. 그리고 그들의 피드백과 제안 사항을 받아서 스마트폰과의 이별 플랜에 반영했다.

나는 참가자들의 솔직한 반응과 더불어 그들 사이에 공통된 주제가 많이 등장한다는 점에 놀랐다. 그룹 실험이 끝나갈 무렵, 나는 세 가지 결론을 도출했다. 첫째, 이 문제는 우리 사회에 굉장히 만연하다. 많은 사람들이 스스로 스마트폰에 중독되어 있다는 점을 우려하고 있다. 둘째, 반대하는 사람들의 주장에도 불구하고 우리는 이 중독을 끊을 힘이 있다. 그리고 셋째, 스마트폰과 이별한다는 건 전자기기와 여러분의 관계를 변화시킬 잠재력을 가져올 뿐만 아니라, 여러분의 인생을 변화시킬 수 있다.

스마트폰과의 이별이 필요하다고 진심으로 생각지 않는다면 우리는 결코 이별을 선택하지 않을 것이다. 이것이 바로 여러분에게 경각심을 불러일으키도록 이 책의 1부를 구성한 이유다. 우리의 스마트폰이 어떻게, 그리고 왜 내려놓기 어렵게 설계되었는지, 스마트폰에 지나치게 많은 시간을 사용하면 우리의 인간관계와 정신적 · 신체적 건강에 어떤 영향이 있는지를 종합적으로 설명하고자 한다. 좀 더 이해하기 쉽게 말하자면, 어느 날 밤 술집에서 여러분의 절친이 옆으로 다가오더니 여러분의 남자친구 혹은 여자친구가 여러분을 어떻게 불행하게 만들고 있는지 조목조목 따지며 이야기하는 상황에 빗댈 수 있다. 아마도 여러분은 처음에는 친구에게 "날 제발 내버려 둬! 내 인생은 내가 알아서 해!"라고 말하겠지만, 대화의 막바지에 이르러서는 친구의 말이 맞다는 것을 깨닫고 어찌할 바를 몰라 패닉에 빠지게 될 것이다. 이것이 바로 여러분을 불행하게 하는 연인과 이별하는 출발점이다.

이 책의 2부에서는 이렇게 패닉에 빠진 여러분에게 무엇을 해야 할지 알려준다. 자신의 스마트폰과 보다 건강하고 새로운 관계를 정립하도록 도와줄 30일간의 계획이다. 그 30일 동안 딱 한 번, 24시간 동안 스마트폰과 떨어져 있는 때 외에는 스마트폰과 완전히 분리되라고 하지 않을 테니 걱정하지 말길 바란다. 대신, 개개인에 맞춘 스마트폰과의 새로운 관계를 쌓는 과정을 유연하게 지나갈 수 있도록 연습 시리즈를 제공할 예정이다. 이를 통해 여러분은 지속 가능하면서도 기분이 좋아지는 스마트폰과의 관계를 형성할 수 있다. 이때 그 과정을 이미 거쳐간 사람들의 경험담을 많이 인용해서 영감을 줄 수 있도록 했다(프라이버시 보호를 위해 일부 인물은 가명을 사용했다).

서문을 쓰다 보니 이 책을 읽는 사람은 두 부류로 나눌 거란 생각이 든다. 자기 자신을 위해 이 책을 산 부류와, 자신을 염려한 친구·부모님·친척·룸메이트·배우자가 이 책을 사줬지만 이 '선물'을 '고맙게' 여기지만은 않을 부류다.

두 번째 부류의 독자들에게는 미안한 마음이다. 누군가 내게 문제가 있는 것 같다고 말하는 일이 결코 즐거울 리 없다. 하지만 비밀을 하나 말해주자면, **이 책을 선물한 사람이 누구건 아마 그 사람도 스마트폰에 중독되었을 것이다.** 그리고 스마트폰과의 관계를 재평가했을 때 도움을 얻을 만한 (상태가 그렇게 심각하지 않더라도) 주변의 다른 사람들을 여러분은 분명 알고 있다. 그러니 이 책에 담긴 아이디어 중 하나라도 공감되는 게 있는지 살펴보길 바란다. 이 책을 다 읽은 후에는 여러분에게 선물해준 사람에게 돌려주어라. 작은 메모를 써서 함께 주어도 좋다. '이제 네 차례야'라고 말이다.

여러분이 누구든, 왜 이런 행동을 하고 있든 관계없이, 스마트폰과 헤어지는 일은 분명 여러 도전 과제를 동반한다. 자아 반성이 있어야 하고, 무엇보다 내려놓기 힘들도록 설계된 기기로부터 자신의 인생을 떼어내려는 의지가 필요하다.

하지만 나뿐만 아니라 각자의 스마트폰과 이별에 성공한 사람들이 모두 장담하건대, 분명 그 이상의 가치가 있을 것이다. 스마트폰과의 이별은 기술과 더 건강한 관계를 정립하는 데 도움이 될뿐더러, 여러분 인생에서 스마트폰이 영향을 미칠 거라고 상상하지 못했던 영역에서도 분명 효과가 있을 것이다. 스마트폰과의 상호작용을 더 많이 느낄수록 스마트폰이 없는 세상에 대해 더 잘 알게 될 것이며, 지금까지 얼마나 많은 것들을 놓쳐왔는지 깨닫게 될 것이다. 스마트폰과의 이별을 통해 스크린 위에서 펼쳐지는 건 진정한 인생이 아님을 인지하는 자신을 되찾게 될 것이다. 그리고 그건 빠를수록 좋다.

차례

PART 2
이별

PART 1
각성

"가끔, 모든 것을 변화시키는
혁신적인 제품이 등장합니다."

— 스티브 잡스, 2007년 첫 번째 아이폰 출시 프레젠테이션에서

스마트폰, 중독되도록 설계된 기계

인스타그램에 새로운 게시글이 있는지, 《뉴욕 타임스》에 새로운 뉴스
가 있는지 확인하는 건 그 내용에 관심이 있어서가 아니라 단순히 새
로운 걸 보기 위해서다. 그 느낌에 우리는 중독된다.[1]

— 아지즈 안사리Aziz Ansari

스마트폰이 '사람들을 겁먹게 하는 기술들'이란 제목의 긴 목
록에 속한 한 항목일 뿐이라고 생각하고 싶은 충동이 든다.
전신, 전화, 라디오, 영화, 텔레비전, 비디오 게임, 심지어 책까
지. 이 모든 것이 처음 세상에 소개되었을 때 패닉을 유발했
지만, 나중에는 사람들이 두려워했던 것보다 덜 해롭다는 사
실이 밝혀졌기 때문이다.

　불필요한 우려를 자아내고 싶지는 않지만, 스티브 잡스가
옳았다. 스마트폰은 진짜 다르다. 물론, 확실히 여러 좋은 의

미에서도 다르긴 하다. 하지만 스마트폰은 우리에게 말대꾸를 한다. 신경을 거스르고 일할 때 방해가 된다. 우리의 관심을 원하고, 우리가 관심을 주면 보상을 준다. 전통적으로 극도로 성가신 사람들만이 한다는 그런 '방해 활동'을 스마트폰이 하고 있다. 설상가상으로 스마트폰은 인터넷과의 접속을 가능하게 한다. 그리고 과거의 다른 기술들과 달리, 우리는 스마트폰을 항상 곁에 두고 있다.

스마트폰은 사용자가 시간을 쓰도록 할 목적으로 고안된, 첫 번째 대중적 기술이기도 하다. 구글에서 제품 매니저로 일하다가 지금은 디지털 기기들이 우리를 조종하도록 설계되었다는 사실에 대한 인지도 개선을 위해 힘쓰고 있는 트리스탄 해리스Tristan Harris는 이렇게 말한다.

"1970년대에 우리가 사용했던 전화기에는 그 전화기 반대편에서 더 많은 고객을 유인하기 위해 재설계 작업을 하는 1,000명의 엔지니어가 존재하지 않았습니다."[2]

아마 이것이 아이폰을 세상에 내놓은 스티브 잡스가 정작 자신의 자녀들에게는 자사 제품 사용을 제한했던 이유 중 하나일 것이다. 《뉴욕 타임스》의 기술 전문 기자 닉 빌턴Nick Bilton이 잡스에게 자녀들이 아이패드를 좋아하는지 물었을 때 그는 이렇게 말했다.

"아직 써본 적이 없습니다."[3]

마이크로소프트의 설립자 빌 게이츠와 그의 아내 멜린다도 마찬가지다.

"집에서 아이들이 얼마나 많은 기술을 사용할지에 제한을 두고 있어요."[4]

게이츠 부부는 자녀가 14살이 되기 전까지 휴대전화를 주지 않았다. 빌턴에 따르면, 기술 관련 업계의 최고경영자들과 벤처 투자자들 다수 역시 "자녀들의 스크린 타임(컴퓨터, 텔레비전, 게임기와 같은 기기를 사용하는 시간―역주)을 엄격히 제한하고 있다"고 한다. 이를 언급하며 빌턴은 "기술 업계 최고경영자들은 우리 같은 사람들이 모르는 뭔가를 알고 있는 것만 같다"라고 암시했다.

그 '뭔가'가 중독의 위험성이라고 결론을 내리는 정신 건강 전문가들이 점점 늘어나고 있다. 우리가 이야기하고 있는 대상이 약물이 아닌 기계 장치라는 점을 고려한다면, '중독'이라는 용어가 다소 극적이라고 느낄지도 모른다. 하지만 중독이 무조건 약물이나 알코올과만 관련 있는 건 아니다. 우리는 도박, 음식, 심지어는 운동과 같은 특정 행동에 중독되기도 한다.[5] 그리고 중독에도 스펙트럼이 존재한다. 한 개인의 삶을 완전히 무너뜨리는 수준이 아니더라도 뭔가에 중독되는 건 가능하다.

중독은 부정적인 결과로 이어질 것임에도 불구하고 끊임

없이 어떤 뭔가(예를 들면 약물이나 도박)를 찾는 행동이라고 정의할 수 있다. 캐나다의 정신건강의학과 의사 노먼 도이지 Norman Doidge는 저서 『기적을 부르는 뇌The Brain That Changes Itself』에서 중독의 일반적인 특성에 관해 이렇게 설명했다.

"중독은 행동 통제력이 상실되어 부정적인 결과로 이어질 것임에도 불구하고 강박적으로 갈구하게 되고, 내성이 생겨서 만족하려면 점점 더 강한 자극이 있어야 하는 상태다. 중독된 행동을 만족스러울 만큼 취하지 못하면 금단을 경험하게 된다. 그것이 중독이다."[6]

도이지의 설명은 우리 중 다수가 스마트폰에 대해 느끼는 감정을 잘 묘사하고 있는 듯하다. 여러 기술 관련 기업들도 중독이라는 용어를 사용하는 데 불만이 없는 것 같다(적당한 예로, 마이크로소프트 캐나다에서 2015년에 발간한 소비자 인사이트 리포트 「주의 지속 시간Attention Span」에서는 '기술 중독 행동은 존재하며, 특히 캐나다 젊은 층에서 확연히 드러난다'라는 제목의 인포그래픽을 싣는 데 한 페이지를 통째로 할애한 바 있다[7]).

그렇지만 중독이라는 단어가 영 마음에 들지 않는다면, 여러분이 원하는 이름으로 불러도 상관없다. 요점은 우리가 스마트폰을 확인할 때 기분 좋은 상태의 뇌에서 분비되는 화학 물질 중 다수가 분비된다는 것, 그리고 중독을 유발하는 보상 회로가 활성화된다는 것이다.

또 다른 중요한 점은 잡스의 말처럼 혁신적인 기술은 단순히 '등장'하는 게 아니라, 철저히 설계된다는 사실이다. 스마트폰과 앱 제작사들은 그들의 제품이 지니는 신경학적 효과에 대해 알고 있을 뿐 아니라, 그 효과를 촉발하는 기능들이 잔뜩 든 제품을 생산해낸다. 사용자로 하여금 전자기기에 최대한 많은 시간과 관심을 쏟게 만들겠다는 노골적인 목표를 가지고서. 이를 업계 용어로는 '사용자 참여user engagement' 라고 한다. 왜 기업들은 그토록 '참여'에 신경 쓰는 걸까? 뒤에서 더 자세히 이야기하겠지만, 참여를 통해 기업이 돈을 벌수 있기 때문이다.

그렇다고 해서 기술 기업들이 의도적으로 사람들을 해치려 한다는 의미는 아니다(기술 기업에서 일하는 많은 이들은 분명 더 나은 세상을 만들고 싶어 한다). 스마트폰이 잠재적으로 문제가 될 수 있도록 하는 기능들이 사실은 스마트폰을 쉽고 재미있게 사용할 수 있도록 하는 기능들이라는 점도 기억할 필요가 있다. 중독될 가능성이 있는 걸 모두 없애려면 결국 우리가 애초에 스마트폰을 사용하게 된 이유까지 전부 없애야 한다는 뜻이다.

그럼에도 많은 기술 기업의 경영자들이 자녀의 기기 노출을 제한한다는 사실을 보면, 그들은 스마트폰의 혜택이 그 위험성보다 항상 더 크다고 생각하지는 않음을 알 수 있다. 자신들이 만드는 기기로부터 자기 가족을 보호해야 할 필요를 느낄 정도로 말이다. 아무래도 마약 딜러들 사이에서 흔히 오가는 말이 실리콘밸리에서도 떠도는 것이 아닌가 싶다.

"절대 자기가 공급하는 물건에는 취하지 마라!"

도파민에
마약을 타다

시간이 지날수록 더 강한 마약이 등장하는 것처럼, 행동 피드백이 주는 스릴도 점점 더 강력해지고 있다. 제품 설계자들은 그 어느 때보다 영리하다. 그들은 우리의 버튼을 누르는 법을 알고 있다. 그들은 어떻게 하면 우리가 그들의 제품을 한 번 쓰고 마는 것이 아니라 몇 번이고 반복해서 사용하도록 만들 수 있는지 알고 있다.[8]

— 애덤 알터Adam Alter, 『멈추지 못하는 사람들Irresistible』

스마트 기기 사용 시간을 최대로 늘리기 위해 기기 제작자들은 중독적 행동을 유발한다고 알려진 방법으로 우리 뇌의 화학구조를 조작한다. 이 기술들 대부분은 도파민이라는 뇌 화학 물질과 연관되어 있다. 도파민은 무척 다양한 역할을 수행한다. 그중 우리의 목적을 위해서 알아야 할 가장 중요한 도파민의 역할은 우리의 뇌 속에서 즐거움과 관련된 수용체를 활성화하여 특정 행동과 보상을 연결하도록 학습시킨다는 사실이다(레버를 누를 때마다 먹이 조각을 얻는 쥐를 생각해보라). 도파민은 우리를 흥분시키고, 우리는 흥분된 느낌을 좋아한다. 따라서 우리는 도파민 분비가 촉진되는 경험을 다시 하고 싶어 한다. 그게 다가 아니다. 어떤 경험이 도파민 분비를 계속해서 촉진한다면, 우리 뇌는 그 인과관계를 기억한다. 그리고 그 경험이 **연상될** 때마다 도파민을 분비한다. 다시 말해, 특정 행동을 기대하기만 해도 도파민이 나오는 것이다.

만족을 예상하는 능력은 인간 생존에 필수적이다. 이를테면, 우리가 먹을거리를 찾아 나설 동기를 부여하는 것도 바로 이 능력이다. 하지만 이 때문에 갈망이 유발되고, 심하면 중독으로까지 이어진다. 여러분의 뇌가 스마트폰 확인이 일반적으로 보상과 이어진다는 걸 배운다면, 여러분이 스마트폰을 떠올리기만 해도 도파민이 분비되는 데는 그리 오랜 시간이 걸리지 않을 것이다. 그러면 여러분은 스마트폰을 강렬히 원하게 된다(누군가 스마트폰을 확인하는 걸 봤을 때 여러분 역시 자신의 스마트폰을 확인하고 싶어진다는 사실을 눈치챈 적 없는가?).

흥미롭게도 이런 '보상'은 긍정적일 수도 혹은 부정적일 수도 있다. 때때로 우리는 어떤 좋은 일이 우리를 기다릴 거란 희망 또는 기대감에 스마트폰으로 손을 뻗는다. 하지만 그에 못지않게 우리는 지겨움 또는 불안과 같은 불쾌한 일을 피하는 데 도움을 얻고자 스마트폰을 찾기도 한다. 일단 뇌가 스마트폰 확인을 보상과 연결하도록 학습되고 나면, 우리는 스마트폰을 정말, 정말, 정말로 확인하고 싶어진다. 마치 음식을 얻기 위해 끊임없이 레버를 누르는 실험실의 쥐처럼.

하지만 스마트폰과 대부분의 앱은 의도적으로 '중지 신호'가 없도록 설계되어 있다. 충분히 스마트폰을 사용했음에도 경고하는 신호가 없으니 뜻하지 않게 과도한 사용으로 이어진다. 그런 자신의 행동이 징글징글하다는 걸 우리도 어느 정도는 알고 있다. 하지만 그 행동을 멈추는 대신, 우리 뇌가 택하는 해결책은 더 많은 도파민의 추구다. 그래서 우리는 또 스마트폰을 확인한다. 몇 번이고 반복해서.

이런 일이 벌어질 때 우리는 스마트폰의 과도한 사용이 의지박약 탓이라고 말하지만, 이건 스스로의 탓이라는 말을 다르게 표현했을 뿐이다. 우리는 기술 개발자들이 우리의 도파민 반응을 의도적으로 조작하여 그들의 제품 사용을 중단하기가 매우 어렵게 만들어놓았단 사실을 깨닫지 못하고 있다. '뇌 해킹'이라 불리는 이 개념은 기본적으로 뇌 화학구조에 기반을 둔 행동 설계다. 일단 여러분이 이런 행동 설계의 흔적을 알아차리는 방법을 터득하고 나면, 여러분의 스마트폰 여기저기에서 행동 설계를 발견할 수 있을 것이다.

2017년, '60분60 Minutes(오랜 역사와 높은 시청률을 자랑하는 미국 CBS의 탐사보도 프로그램—역주)'에서는 앵커 앤더슨 쿠퍼 Anderson Cooper가 램지 브라운Ramsay Brown과 나눈 흥미로운 인터뷰를 다뤘다.[9] 램지 브라운은 앱 회사에 뇌 해킹 코드를 만들어주는 스타트업인 도파민 랩Dopamine Labs의 설립자다. 뇌과학을 공부한 브라운(분명히 말하건대 그는 무척 사려 깊고, 사악함과는 거리가 먼 사람 같다)은 도파민 랩의 목표를 이렇게 설명했다.

"'사람들이 조금 더 좋은 기분을 느끼게 하기 위해' 앱이 정확히 언제 무엇을 해야 하는지 파악해서 결과적으로 사람들이 그 앱에 계속 붙어 있도록 하는 겁니다."

브라운은 인스타그램을 예로 들어 자신이 만든 코드에 관해 설명했다. 그것은 사용자에게 신규 '좋아요'를 의도적으로 보여주지 않고 대기하도록 하는 코드로, 가능한 가장 효과적인 순간에 엄청난 수의 '좋아요'가 물밀 듯이 뜨도록 할 수 있다. 이때 가장 효과적인 순간이란, 신규 '좋아요'를 보느라 앱을 닫지 못하게 되는 순간이다. 그는 쿠퍼에게 이렇게 말했다.

"이런 예측을 하는 알고리즘이 어딘가에 존재합니다. 그러니까, '이봐, 지금 231회 실험에 79B3번 실험 대상인 이 사용자의 경우에는 저런 '좋아요' 폭탄보다는 이런 '좋아요' 폭탄으로 행동을 개선할 수 있을 것 같아!'라는 식의 예측을 하는 알고리즘이 어딘가에 존재합니다. 여러분은 수백만 명의 사람들에게 실시간으로 진행되고 있는 실험의 일부인 것입니다."

그러자 쿠퍼가 물었다.

"우리가 실험실 기니피그입니까?"

"그렇습니다. 여러분은 상자에 갇힌 기니피그입니다. 버튼을 누르고 때때로 '좋아요'를 얻는 기니피그죠. 그리고 이런 실험이 벌어지는 이유는 여러분이 앱에서 벗어나지 못하도록 하기 위해서입니다."

공식적으로 '60분'과의 인터뷰를 승낙한 몇 안 되는 기술계 내부 인물인 브라운이 스페이스Space를 만들었다는 사실은 무척 인상적이다. 스페이스는 소셜미디어 앱을 클릭했을 때 12초 동안 앱의 실행을 지연시킴으로써 사람들의 스마트폰 사용 시간을 **줄이는** 앱이다. 브라운은 사람들에게 자신의 마음을 바꿀 기회를 주는 이 순간을 '젠의 순간moment of Zen'이라 부른다. 그런데 출시 초기, 앱스토어는 스페이스의 앱 판매를 거절했다. "사람들이 다른 앱이나 스마트폰을 적게 사용하도록 유도하는 앱을 앱스토어 내에서 판매할 수는 없다는 게 거절 이유였어요"라고 브라운이 말했다.

"사람들이 스마트폰에 덜 붙어 있게 만드는 걸 나눠주게 두지 않겠단 겁니다."[*]

---

[*] '60분'은 후속 보도에서 "방송 후 며칠이 지나 애플에서 연락이 왔고, 스페이스를 앱스토어에서 판매 가능하도록 결정을 번복했다"라고 공지했다.

거래의 속임수

서로 다른 세 기업에서 근무하는 소수의 설계자(대부분 샌프란시스코에 거주하며 25~35세인)들이 내리는 결정이 전 세계 수백만 사람들의 집중력이 어떻게 사용될지에 이토록 큰 영향력을 미친 적은 역사상 한 번도 없다.[10]

— 트리스탄 해리스(인도적 기술 센터Center for Humane Technology 설립자, 전 구글 디자인 윤리학자)

우리의 도파민 반응을 더 잘 이해할수록, 뇌 해킹 시도와 마주했을 때 이를 더 잘 알아차릴 수 있는 능력을 갖출 수 있다. 스마트폰의 시선으로 인간의 심리학적 특이점 몇 가지를 바라보자. 그리고 인간을 조작하는 데 그 특이점들이 어떻게 이용되고 있는지 알아보자.

우리는 신상 중독이다

연애 초기에 느끼는, 상대와 함께 시간을 보내고 싶고 흥분되는 기분을 여러분은 잘 알고 있을 것이다. 그 기분 역시 도파민의 효과다. 새로운 뭔가를 경험할 때마다 분비되는 것이 도파민이다.

하지만 새로움이 사라지고 나면 도파민 분비량은 줄어든다. 인간관계에서는 신혼여행 이후의 기간이 여기에 해당하는데, 이 기간에 차이는 사람도 종종 있다. 하지만 스마트폰을 찬다는 건 **생각조차** 하지 못할 것이다. 왜냐하면 스마트폰(그리고 앱)은 끊임없이 새로운 걸 제공하도록 설계되어 있기 때문이다. 그리고 그 결과, 스마트폰을 사용하는 내내 우리 뇌에서는 도파민이 계속해서 분비된다.

지겹거나 불안한가? 이메일을 확인하라. 새로운 게 필요한가? 소셜미디어를 확인하라. 아직 만족스럽지 못한가? 다른 소셜미디어 계정을 확인하라. 그러고도 다른 계정이 있다면 또 확인하라. 포스팅 몇 개를 확인하고 새로운 사람들을 팔로우할 수도 있겠다. 만약을 위해 이메일을 다시 확인하라. 같은 앱을 두 번 사용하지 않고도 혹은 한 번에 몇 초 이상의 집중 상태를 유지하지 않고도 몇 시간 정도는 쉽게 스마트폰에 쓸 수 있다.

도파민이 유발하는 흥분은 실제 행복과 다르다. 우리는 이 사실을 우리 뇌에 이야기하려고 노력해야 한다.

우리는 걸음마를 배우는 아이와 같다

걸음마를 배울 무렵의 아이와 시간을 보내본 사람이라면 아이들이 인과관계에 놀라움을 느낀다는 사실을 알 것이다. 벽의 전등 스위치를 딸깍 누르면 전등이 켜진다. 버튼을 누르면 초인종이 울린다. 콘센트에 아주 작은 관심만 보여도 어른이 뛰어온다.

이건 나이가 들어도 그만두지 못하는 우리의 특성이다. 몇 살이든 관계없이 우리는 자신의 행동에 상대가 반응하는 걸 정말 좋아한다. 심리학에서는 이런 반응을 '강화reinforcement'라고 부른다. 우리가 어떤 행동을 할 때 더 많은 강화를 얻을수록, 그 일을 다시 할 가능성이 커진다(이상하게도 그 반응이 반드시 긍정적일 필요는 없다. 막 걷기 시작한 아이가 플레이도우를 입에 넣었을 때 혼을 내면 다시는 같은 행동을 하지 않을 것이라고 생각하지만, 절대 그렇지 않다).

우리의 스마트폰은 도파민 분출을 자극하는 미묘한 긍정적 강화로 가득하며, 그로 인해 우리는 더 많은 도파민을 반복적으로 찾게 된다. 링크를 클릭하면 웹페이지가 나타난다. 문자 메시지를 보내면 '휙' 하는 소리가 들리고, 메시지가 잘 전송되었다는 생각에 흡족해진다. 이런 강화가 누적되면 우리는 상황을 통제하고 있다는 만족감을 느끼게 된다. 이는 결과적으로 우리가 항상 스마트폰과 함께하기를 원하게 만든다.

우리는 비일관성을 참지 못한다

우리로 하여금 스마트폰을 집착적으로 확인하게 하는 최고의 방법은 항상 어떤 좋은 게 기다린다고 믿게 만드는 것이다. 하지만 우리가 스마트폰에 빠져든 진짜 원인은 일관성이 아닌 예측 불가함이다. 뭔가 일어날 수도 있지만 그것이 과연 일어날지, 또 언제 일어날지는 모르는 것이다.

심리학자들은 예측 불가능한 보상을 '간헐적 강화intermittent reinforcements'라고 부르고, 나는 '우리가 얼간이들과 데이트하는 이유'라고 부른다. 여러분이 어떤 용어를 사용하든, 이 예측 불가함은 거의 모든 스마트폰 앱에 반영되어 있다.

스마트폰을 확인하다 보면 가끔 만족스러운 걸 발견한다. 칭찬이 담긴 메일, 내게 반한 상대가 보낸 메시지, 흥미로운 뉴스 기사 같은 것들 말이다. 그 결과로 분출된 도파민은 스마트폰 확인이라는 행위를 보상과 연관 짓기 시작한다. 이와 비슷하게, 불안한 상태에서 스마트폰을 확인했다가 정말 마음이 편안해지는 기분을 느끼기도 한다.

일단 이런 연결 관계가 형성되면, 50번 중 한 번만 보상받는다고 해도 상관없다. 도파민 덕분에 우리 뇌는 그 한 번을 기억한다. 50번 중 언제 우리가 보상받을지 예측할 수 없다는 사실은 우리를 만류하는 대신 더 자주 스마트폰을 확인하게 한다.

간헐적 보상을 사용해서 충동적 행동을 부추기는 또 다른 기기가 궁금한가? 바로 슬롯머신이다. 스마트폰과 슬롯머신, 두 기기의 유사점은 너무나도 분명하다. 트리스탄 해리스는 종종 스마트폰을 주머니에 넣어 가지고 다니는 슬롯머신이라 비유했다. 그는 '기술은 어떻게 당신의 마음을 납치하는가 How Technology Is Hijacking Your Mind'라는 기사에서 이렇게 설명한 바 있다.

"우리가 주머니에서 스마트폰을 꺼내는 건 슬롯머신을 하면서 어떤 알림이 왔는지 보는 겁니다. 손가락으로 화면을 쓸어내리면서 인스타그램 피드를 보는 건 다음에 어떤 사진이 나올지 보기 위해 슬롯머신을 돌리는 거죠. 데이팅 앱에서 얼굴들을 왼쪽, 오른쪽으로 스와이프하며 넘기는 건 나와 맞는 사람이 있는지 맞히는 슬롯머신을 하는 거고요."[11]

충동적 행동을 유발하는 방식으로 보상을 전달하게끔 설계된 슬롯머신이 지금까지 발명된 가장 중독적인 기기 중 하나라는 사실을 생각하면, 해리스의 견해는 더욱더 충격적이다.

우리는 불안한 느낌을 싫어한다

동기 부여에 있어 불안은 진화론적으로 매우 중요하다(편하게 쉬고 있는 사자보다 먹이를 구하지 못할까 봐 불안해하는 사자가 살아남을 확률이 더 높다). 하지만 불안은 쉽게 작동하기에 우리를 스트레스로 몰아넣을 수 있다. 특히 불안이 해결되지 않을 때 더욱 그러하다.

캘리포니아주립대학교 도밍게즈힐스의 심리학과 교수 래리 로젠Larry Rosen에 따르면, 우리가 스마트폰을 볼 때마다 새로운 정보와 감정적 자극을 줌으로써 스마트폰은 의도적으로 불안을 유발한다. 스마트폰을 잠시라도 내려놓으면 뭔가를 놓칠까 걱정하게 만드는 것이다.[12]

비전문 용어로 이런 불안을 '소외되는 것에 대한 두려움Fear Of Missing Out', 줄여서 '포모FOMO'라고 부른다(포모와 대응 관계에 있지만 저평가된, 혼자만의 순간을 즐기는 즐거움, 조모JOMO, Joy Of Missing Out와 혼동하지 않길 바란다). 인간은 포모로 인해 끊임없이 고통받아왔다. 그러나 스마트폰이 있기 전까지는 우리가 놓치고 있는 것들을 다 알아내기란 쉽지 않았고, 덕분에 대대적인 포모 감염으로부터 보호받을 수 있었다. 일단 어느 파티에 참석하기 위해 집을 나서면(집 전화로부터 멀어지면), 내가 참석한 파티와 같은 시간에 열리는 다른 파티가 더 재미있는지 알 방법이 없었다. 좋건 나쁘건 어쨌든 지금 파티에 와 있긴 하니까.

스마트폰은 우리가 놓치고 있는 것들을 더 쉽게 알아내도록 했을 뿐 아니라, 알림 기능을 통해 우리에게 포모를 뿌리고 있다. 마치 재채기를 하면서 침을 튀겨 바이러스를 퍼뜨리는 것처럼 말이다. 우리는 뭔가를 놓치지 않기 위해선 끊임없이 스마트폰을 확인해야만 포모의 위협으로부터 자신을 보호할 수 있다고 믿게 되었다. 마침내 스마트폰을 내려놓으면 스마트폰으로 인해 유발된 포모가 완화될 것 같지만, 그렇지 않다. 실제로는 더 악화되어 부신 피질에서 코르티솔이 분비되는 수준에 이른다. 투쟁 혹은 도피 반응에 큰 역할을 하는 스트레스 호르몬인 코르티솔은 우리를 불안하게 한다. 불안한 느낌을 싫어하는 우리는 이를 해소하기 위해 다시 스마트폰으로 손을 뻗는다. 잠시 기분이 나아지면 스마트폰을 내려놓는다. 그러면 또 불안해진다. 포모에 감염된 우리는 스마트폰을 계속 확인하고, 만지고, 화면을 스크롤하면서 불안감을 낮춰보려 애쓴다. 하지만 그 행동들은 습관의 고리를 강화해서 불안감을 높일 뿐이다.

우리는 사랑받고 싶어 한다

인간은 사회적 동물이고, 우리는 필사적으로 소속감을 느끼고 싶어 한다. 내가 이런 확신(혹은 부정)을 실제 살아 있는 사람으로부터 얻은 것은 그리 오래전 일이 아니다. 중학교 시절, 내가 친구라 부르던 한 무리의 아이들이 학급 친구들의 인기도를 1에서 10까지 매겼는데 나는 마이너스 3점을 받았다.

분명히 말하지만 1부터 10까지의 척도에 음수는 포함되지 않는다. 하지만 더 큰 문제는, 그때 내가 받은 점수야 비교적

조용히, 사람에 의해 직접 전달되었으나 오늘날에는 모든 사람이 다 보고 투표까지 할 수 있도록 온라인에 포스팅된다는 점이다. 우버 평점이건 소셜미디어의 '좋아요'건, 오늘날 가장 인기 있는 앱 중 다수는 사용자들이 서로를 평가하기를 적극적으로 부추긴다.

이런 기능들이 우연히 탑재된 건 아니다. 설계자들은 확신에 대한 인간의 본질적 욕구를 알고 있다. 우리가 평가받는 방법이 많을수록, 우리는 강박적으로 자기 점수를 모니터하게 된다. 『멈추지 못하는 사람들』에서 애덤 알터는 페이스북의 '좋아요' 버튼 출시가 '과장하기 힘든' 심리적 영향력을 지닌다고 설명했다. 그는 이렇게 말했다.

"'좋아요'가 하나도 없는 포스팅은 개인적으로 고통스러울 뿐 아니라, 일종의 공개적 비난이다."[13]

이런 평가들이 우리에게 중요하다는 사실은 왜 내가 25년도 더 지난 학창 시절의 인기 점수를 여전히 기억하고 있는지만큼이나 의문스럽다. 하지만 우리가 할 수 있는 질문은 하나도 없다.

특히 이상한 점은 우리가 다른 사람의 평가를 단순히 **신경 쓰기**만 하는 게 아니라는 사실이다. 우리는 그들에게 **요청한**다. 우리가 사진과 글을 포스팅하는 이유는 자신이 사랑스럽고, 인기 있으며, 보다 실존적 차원에서 중요한 존재라는 걸 타인들에게 보여주기 위해서다. 그리고는 다른 사람들(적어도 그들의 온라인 프로필상에서)이 내게 동의하는지 확인하기 위해 강박적으로 스마트폰을 집어 든다(우리는 자신의 인생이 가능한 한 재미있고 흥미롭게 보이도록 자신의 피드를 관리하고 있단 걸 스스로 알면서도 다른 사람들도 모두 그러고 있단 사실은 망각한다).

이 모든 걸 조합해보자. 소셜미디어에 많은 시간을 보내는 것이 우울증이나 자존감 하락으로 이어질 수도 있다는 주장은 충분히 말이 되는 이야기다.[14] 말이 안 되는 건 우리가 중학교 시절의 가장 힘들었던, 즉 평가받는 순간을 다시 경험하기를 의도적으로 선택한다는 사실이다.

우리는 게으르다

유튜브나 넷플릭스 같은 플랫폼이 여러분(혹은 그들)의 대기열에 있는 다음 영상이나 에피소드를 자동 재생하도록 설계된 데는 이유가 있다. 물살을 거슬러 올라가는 것보다는 하류에서 둥둥 떠다니는 것이 훨씬 쉽다. 만약 여러분이 보고 있는 쇼의 다음 에피소드가 이전 에피소드 종료 후 5초 내로 자동 시작한다면, 쇼를 그만 볼 가능성이 더 낮아진다(일부 플랫폼에서는 자동 재생 기능의 비활성화가 가능하다. 비활성화를 시도해보라. 그리고 여러분이 시청하는 영상의 개수가 달라지는지 확인해보라).

우리는 특별한 존재가 되는 걸 좋아한다

인간은 자신이 특별한 존재라는 느낌을 좋아한다. 이것이 바로 스마트폰 설계자들이 스마트폰을 개인 맞춤형으로 설정하는 방법을 그토록 많이 제공하는 이유다. 우리는 홈 화면이나 잠금 화면을 원하는 사진으로 변경할 수 있고, 통화 신호음도 좋아하는 노래로 지정할 수 있다. 피드에 뜨는 뉴스 기사의 종류도 각자의 취향에 맞춰 고를 수 있다.

이런 기능들은 스마트폰을 더 유용하고 즐겁게 해준다. 하지만 스마트폰이 우리 자신(우리의 특별함)을 더 많이 반영할수록, 우리는 스마트폰에 더 많은 시간을 쓰고 싶어 한다. 여러분의 스마트폰의 개인화 설정을 비판적인 시선으로 바라보라. 여러분이 통제할 수 있는 설정과 아닌 설정으로 구분해보라. 우리의 스마트폰 사용 시간을 늘리는 기능은 통제할 수 있지만, 그렇지 않은 기능에 대한 통제권은 거의 없다는 사실을 발견하게 될 것이다.

예를 들어, 내 스마트폰에는 가상 비서 목소리를 미국 여성에서 영국 남성으로 바꿀 수 있는 옵션이 있다. 그 영국 남성 가상 비서에게 농담을 말해달라고 요청할 수도 있다. 하지만 스마트폰 제조사들이 우리에게 문자 메시지 자동 응답 기능의 설정 권리를 부여하는 데는 몇 년(그리고 한 번 이상의 소송)의 시간이 필요했다.[15] 우리가 휴가를 갈 때 사용하는 이메일 자동 회신 기능이 얼마나 오래되었는지를 생각해보면 문자 메시지 자동 응답 기능은 전혀 혁신적인 아이디어가 아니었음에도 불구하고 말이다. 메시지 자동 응답 기능은 스마트폰으로부터 잠시 떨어져 있기 쉽게 만들어준다. 뿐만 아니라, 누군가가 내 답장을 계속 기다리고 있다는 두려움 때문에 운전 중에 메시지를 보내는 위험을 감수하지 않도록 해준다. 궁극적으로는 메시지 자동 응답 기능이 생명을 구할 수도 있는 셈이다.

이에 대해 더 많이 생각해볼수록 트리스탄 해리스와 같은 결론에 도달하게 될 것이다. "우리에게 주어진 옵션에 더 자세히 살펴볼수록, 실제로는 우리가 진정 필요로 하는 옵션은 아닌 경우들을 더 자주 인지하게 된다"[16]라고 말이다.

우리는 스스로 치료한다

앞서 이야기한 것처럼 좋은 기분이 들고자 하는 욕망의 이면에는 가능한 노력을 덜 들이면서 불쾌감을 피하고픈 욕망이 있다. 이것이 바로 부정적인 기분의 근본적 원인에 다가가는 대신 술이나 마약에, 혹은 스마트폰에 빠지는 이유다.

2017년, 저널리스트 맷 릭텔Matt Richtel은 《뉴욕 타임스》 기사를 통해 지난 10년 사이 10대들의 음주 및 약물 복용이 줄어드는 경향을 보인다고 보도했다. 반가운 소식이다. 10대들이 술이나 마약 대신 다른 것에 중독되고 있다는 사실만 뺀다면. 기사의 제목은 '10대의 마약이 스마트폰으로 대체되고 있는가Are Teenagers Replacing Drugs with Smartphones?'였고, 기사에 인용된 전문가 중 대부분은 스마트폰으로 대체되고 있는 것 같다는 결론에 동의했다. 기사에서 상담 교사이자 딸을 가진 한 어머니는 이렇게 말했다.

"더 이상 딸이 대마초에 빠져 있다고 생각하지 않습니다. (그런데) 이제는 스마트폰이랑 같이 잠을 자더군요."

우리는 자기 생각을 두려워한다

스마트폰의 뛰어난 점 한 가지는 바로 우리로 하여금 결코 혼자가 되지 않도록 해준다는 것이다. 정말 감사하게도 2014년 버지니아대학교와 하버드대학교의 연구진이 《사이언스》지에 우리가 자기 생각을 회피하기 위해 과연 어떤 행동까지 할 수 있는지 보여주는 연구 결과를 발표해주었다.[17] 연구는 두 가지 실험으로 진행되었는데, 첫 번째 실험의 지원자들은 약한 전기 충격을 받았다. 연구진은 참가자들에게 그 전기 충격이 돈을 주고서라도 피하고 싶을 만큼 불쾌한 경험이었는지 물었다. 전기 충격을 피할 수 있다면 돈을 내겠다고 대답한 참가자는 42명이었다.

연구진은 이 42명을 따로 모아 두 번째 실험을 진행했다.

참가자들을 아무 장식이 없는 방에 홀로 두고 인터넷 접속은 물론, 그 어떤 형태의 방해도 없는 상태에서 15분 동안 생각하며 시간을 보내게 했다. 원한다면 버튼을 눌러서 전기 충격을 받을 수 있다고도 말해주었다. 돈을 내서라도 받고 싶지 않다고 했던 그 전기 충격 말이다.

이 실험의 참가자 중 몇 명이나 전기 충격 버튼을 눌렀을 것 같은가? 아무도 연구진의 전기 충격 제안을 받아들이지 않았을 것 같은가? 결과는 놀라웠다. 15분 동안 전기 충격을 다시 받겠다고 선택한 참가자는 42명 중 18명이었다. 무려 **18명**(그중에는 여러 번 전기 충격을 선택한 이들도 있었다. 이 연구에서 내가 가장 좋아하는 부분은 자그마치 190회나 스스로 버튼을 눌러 전기 충격을 받은 사람이 있었다는 대목이다)! 연구진은 이렇게 밝혔다.

"다수의 참가자들이 혼자 생각하면서 15분을 보내는 것이 너무도 싫은 나머지, 앞서 돈을 내고서라도 피하고 싶어 했던 전기 충격을 스스로 가했단 사실이 놀라울 따름이다."

괴짜가 주는 선물을 조심하라

이 모든 걸 조합해볼 때, 스마트폰은 '디지털 트로이의 목마'와 같다. 겉으론 해가 없어 보이면서 사용자를 조작하려는 속임수로 가득한 이 액세서리는 우리의 무장을 해제시킨다.

무장 해제되자마자 우리의 집중력은 스마트폰이 마음껏 사용할 수 있는 상태가 된다. 그 집중력이 얼마나 큰 가치를 지니는 상품인지는 뒤에서 더 자세히 다뤄보도록 하자.

형편없는 소셜미디어

페이스북은 광고 비즈니스라기보다는 감시 비즈니스를 하는 기업이다. 인류 역사상 가장 거대한 감시 기반 기업이 바로 페이스북이다. 일반인의 삶을 가장 심하게 침해했던 정부가 시민들에 대해 알았던 것보다 페이스북이 당신에 대해 훨씬, 훨씬 많은 사실을 알고 있다.[18]

— 존 란체스터John Lanchester

사람들에게 어떤 카테고리의 앱이 가장 문제라고 생각하는지 물었을 때 가장 흔한 대답은 소셜미디어다. 소셜미디어 앱의 콘텐츠가 정크푸드처럼 우리를 기분 나쁘게 한다는 사실을 인지하긴 하지만, 그 앱들의 사용을 멈추긴 어렵다.

소셜미디어는 여러분을 병들게 **할 수밖에 없다.** 의도적으로 중독을 유발하는 설계부터 감시 기반의 비즈니스 모델까지, 소셜미디어는 '트로이의 목마 디자인'의 전형이다. 소셜미디어가 아니었다면 하지 않았을 행동을 하게 하고, 공유하지 않았을 내용을 공유하게 한다. 게다가 종종 우리의 정신 건강과 사회 전반에 부정적인 영향을 미친다. 소셜미디어 뒤에 숨은 힘을 이해하고 나면, 여러분의 스마트폰에 있는 여러 앱과 기능에 대해서 다르게 생각하게 될지도 모른다.

한 가지 질문으로 이야기를 시작해보자. 왜 소셜미디어 앱들은 모두 무료일까? 앱 제작자들이 박애주의적 충동을 느껴서 전 세계 인류가 셀카를 공유하는 데 도움이 되도록 무료로 배포하기로 마음먹어서는 아니다. 우리는 그들의 고객이 아니며 소셜미디어 플랫폼 자체도 제품이 아니기 때문이다.

그들의 고객은 광고주들이다. 그리고 그들이 팔고 있는 제품은 우리의 집중력이다. 생각해보라. 페이스북, 트위터, 데이팅 앱, 혹은 다른 소셜미디어에 우리가 더 많은 집중력을 보일수록 협찬 포스팅이 노출될 기회가 늘어난다. 우리가 자발적으로 포스팅하는 정보가 많을수록, 개개인에게 맞추어 집중력을 빼앗고 (소셜미디어 기업에게) 이득이 되는 광고와 협찬 포스팅이 등장한다. 이에 관해 도파민 랩의 설립자 램지 브라운은 이렇게 말했다.

"여러분은 페이스북에 돈을 내지 않습니다. 광고주들이 돈을 냅니다. 여러분은 페이스북을 공짜로 사용할 수 있습니다. 거기서 팔리고 있는 게 여러분의 눈알이기 때문이죠."[19]

앞에서 잠깐 언급했듯, 이 광고들이 좇는 상품은 바로 '참여_{engagement}'다.[20] 기업들은 참여도를 평가하는 척도로 클릭 수, 좋아요 수, 공유 횟수와 콘텐츠 댓글 수를 사용한다. 사용자 참여는 때때로 '집중력 경제의 화폐'라고 불리며,[21] 광고주들은 참여도를 높이기 위해 기꺼이 많은 돈을 쓴다. 2016년 한 해 동안 전 세계에서 소셜미디어 광고에 쓰인 돈은 약 310억 달러(약 41조 130억 원)로, 2년 만에 두 배 가까이 늘었다.[22]

다시 말해, 우리가 소셜미디어 화면을 스크롤하는 데 쓰는 모든 집중의 순간은 다른 누군가에게 돈을 벌어주기 위해 사용된다. 수치로 보면 충격적일 정도다. 《뉴욕 타임스》에 실린 한 분석에 따르면 2014년 기준 페이스북 사용자들이 **한 해 동안** 쏟아부은 집중의 시간은 총 3만 9,757년에 달했다.[23] 즉, 우리가 가족이나 친구, 자기 자신에게 쓰지 않은 집중의 시간이 4만 시간 가까이 된다는 이야기다. 그리고 흘러간 시간이 돌아오지 않듯, 한 번 사용된 집중력은 절대 돌려받을 수 없다.

이건 정말 큰 문제다. 우리의 집중력은 우리가 가진 가장 가치 있는 것이기 때문이다. 우리는 집중력을 기울인 경험만 기억한다. 우리가 무엇에 집중할지 결정하는 건 한순간이지만, 실제로는 인생이라는 시간을 어떻게 보낼지에 관한 더 광범위한 차원의 결정을 내리고 있다.

분명히 말하지만, 소셜미디어(혹은 다른 어떤 앱)에 집중한다고 해서 잘못된 일은 아니다. 더 재미있고, 사용자의 참여를 유도하고, 수익이 많이 발생하는 앱을 만들고자 노력하는 제작자에게도 잘못은 없다. 하지만 사용자로서 우리는 의식적인 선택을 기반으로 앱을 사용하고 있어야 한다. 다른 누군가에게 돈을 벌어다 주기 위해 우리를 조종하는 심리적 속임수에 넘어가선 **안 된다.**

소셜미디어는 집중력을 훔치는 법을 알고 있다

소셜미디어 플랫폼 뒤에 숨겨진 집중력 빼앗기와 정보 수집이란 의도에 대해 알고 나면, 우리는 이런 의도들이 소셜미디어의 설계에 어떻게 반영되어 있는지 눈치채기 시작한다. 앞서 이야기한 것처럼, '좋아요' 버튼과 댓글 기능은 단순히 우리가 다른 사람과 연결되도록 도와주기 위해 존재하는 것이 아니다. 사회적 상호작용을 계량적으로 수치화하면 우리가 그 '점수'를 보기 위해 계속 돌아올 것이 보장되기 때문에 존재할 뿐이다.

'좋아요'를 싫어하는 법

'좋아요' 받기에 집착하고 있는 자신을 발견했다면, 페이스북 계측 기능 해제demetricator 브라우저 플러그인을 설치할 수 있다.[24] 이 소프트웨어는 페이스북 내의 모든 '점수'

를 제거해서, '57명이 당신의 포스트를 좋아합니다'가 아니라 '사람들이 당신의 포스트를 좋아합니다'라고 뜨도록 한다. 이를 설치한 다음 어떤 변화가 있는지 확인해보라. 그리고 페이스북이 왜 이런 옵션을 자체적으로 제공하지 않는지 스스로 질문해보라.

이와 비슷하게, 소셜미디어 앱에도 '중지 신호stopping cues' 옵션을 추가해서 사용자가 앱 소비를 통제하도록 돕는 일이 어렵지는 않을 것이다. 하루 혹은 한 시간 전 포스팅만 보이도록 사용자에게 선택권을 주거나, 얼마나 많은 시간을 자신의 피드를 보는 데 사용할지 제한하는 옵션을 줄 수도 있다. 하지만 이런 옵션의 제공은 '참여'를 줄어들게 할 수도 있다. 그렇기에 피드들이 끊임없이 이어지도록 의도적으로 설계되는 것이다. 그리고 피드가 절대 '끝나지' 않을 것임을 알면서도, 우리는 새로운 포스팅에서 얻는 도파민 분비를 좇아 멈추지 않고 스크롤한다.

소셜미디어는 우리를 우울하게 만든다

아마 소셜미디어의 가장 충격적인 측면 중 하나는 실제 우리의 인생에서 타인과의 관계에 미치는 영향, 그리고 결과적으로 우리의 정신 건강에 미치는 영향일 것이다.

대부분의 사람들은 다른 사람과 연결된 느낌에 대한 욕구 때문에 소셜미디어 계정을 만든다. 하지만 무수히 많은 연구에서 시사하는 결론은 소셜미디어를 많이 사용할수록 '덜' 행복하다는 것이다. 2017년, 《미국 역학 저널American Journal of Epidemiology》에는 소셜미디어 사용이 단순히 이미 불행한 사람들에게 영향을 미치는 것이 아니라 실제로 불행을 **유발하는**지에 대한 연구 논문이 실렸다.[25] 연구진은 오랜 시간에 걸쳐 한 그룹의 사람들을 지켜본 결과, 어느 정도의 연관성이 존재한다는 결론을 내렸다. 또한 《하버드 비즈니스 리뷰Harvard Business Review》에 실린 한 연구 보고서는 '다른 사람들의 콘텐츠를 좋아하는 것과 링크를 클릭하는 것 두 가지 모두에서 참가자가 스스로 보고한 신체 건강, 정신 건강 그리고 삶의 만족도 감소가 유의미하게 예측된다는 사실을 지속적으로 발견했다'고 밝히기도 했다.[26]

한편, 《애틀랜틱The Atlantic》에 실린 '스마트폰이 한 세대를 파괴했는가Have Smartphones Destroyed a Generation?'라는 다소 불편한 제목의 기사에서 심리학자 진 트웬지는 놀라운 근거를 제시했다. 그녀의 표현을 그대로 인용하자면 다음과 같다.

"스마트폰의 출현으로 10대들의 인생이 사회적 상호작용부터 그들의 정신 건강에 이르기까지 모든 측면에서 급변하고 있다."[27] (10대들의 경우는 극단적인 예에 해당하지만, 나는 스마트폰이 10대뿐 아니라 우리 모두에게 똑같은 영향을 미친다고 주장한다.)

이 기사에는 1976년부터 2016년 사이 10대들의 행동의 다양한 트렌드를 보여주는 도표들이 포함되어 있다. 그런데 친구들과 어울리는 시간, 운전면허를 취득하는 나이, 데이트, 수면, 성관계, 그리고 (가장 충격적인) 외로움 등에 관한 여러 도표에서 공통으로 나타나는 한 가지가 있었다. 바로, 최초의 아이폰이 출시된 2007년을 기점으로 도표의 선들이 급격한 변화를 보인다는 점이다. 이 데이터를 보고 나면 트웬지와 같은 결론을 내리지 않기란 어렵다.

"우리가 젊은이들의 손에 쥐여준 기기들이 그들의 인생에 엄청난 영향을 주고 있으며, 그들을 심각한 수준으로 불행하게 만들고 있다는 강력한 근거가 존재한다."

그녀의 말대로라면, 오늘날 10대는 과거의 10대와 비교해서 **물리적으로는** 안전할 수 있다(예를 들면, 음주 운전의 가능성은 줄어들었다). 하지만 이는 그들이 '혼자 방에서 스마트폰을 쳐다보고 있기' 때문이며, 그런 그들은 '정신적으로 괴로운 상태인 경우가 많기' 때문이다. 실제로 10대 우울증 발병률이 증가하고 있다. 자살률도 마찬가지다.

소셜미디어는 빅 브러더다

누군가 집으로 찾아와 현관문을 두드리며 여러분의 정보를 정부 시스템에 등록하라고 요청하는 상상을 해보라. 이름, 생년월일, 전화번호, 이메일 주소, 실제 주소, 학력 및 직업 이력, 친분 상태, 가족 구성원과 친구들의 이름과 사진, 가급적 오래된 과거 여러분의 사진과 영상, 정치 성향, 여행 기록, 책과 음악을 비롯한 여러분이 좋아하는 **모든 것**을 말이다. 이때 여러분은 어떻게 하겠는가?

우리는 소셜미디어에 이런 정보들(그리고 더 많은 것들)을 **자발적으로** 제공한다. 소셜미디어 기업들이 이 정보로 무엇을 할지 사실상 전혀 생각하지 않고서 말이다. 페이스북에서 프로덕트 매니저로 일했던 안토니오 가르시아 마르티네즈Antonio Garcia Martinez는 그의 회고록 『카오스 멍키Chaos Monkeys』에서 이렇게 말했다.

"지금 마케팅 업계의 가장 큰 흐름이자, 수백억 달러의 투자금이 몰리고 페이스북과 구글, 아마존, 애플 내부에서 끊임없이 주목하고 있는 대상은 서로 다른 정보들을 연결하는 방법과 그 연결을 통제하는 기업이다."[28]

페이스북이 보유한 사용자 정보의 양은 그야말로 충격적이다. 마르티네즈는 페이스북을 가리켜 'DNA 외에 가장 많이 축적된 개인 정보 규제 기관'이라고 부른다.[29] 우리 중 대부분은 페이스북이 단지 우리가 페이스북에서 어떤 행동을 하고 무엇을 공유하는지만 알고 있는 건 아니란 사실을 깨닫지 못하고 있다. 각종 버튼과 쿠키(온라인 접속 시 컴퓨터에 남는 작은 파일들로, 여러 사이트에 걸친 사용자의 행동을 기업들이 추적할 수 있게 한다) 덕분에, 페이스북은 여러분이 방문한 웹사이트, 사용한 앱, 클릭한 링크 등 많은 것을 알고 있다. 또한 에퀴팩스Equifax(미국의 개인 신용평가 업체―역주)와 같은 외부 데이터 수집 기업들과의 파트너십을 맺음으로써 여러분의 수입뿐만 아니라 카드로 결제하는 모든 구매 내역을 포함한 **오프라인** 생활까지 속속들이 알고 있다.[30]

마지막으로, 소셜미디어 뒤에 숨은 의도들을 조심해야 할 중요한 이유가 하나 더 있다. 이 모든 표적화와 개인화가 주는 영향이 사회 전반에도 미친다는 점이다.

그토록 많은 사람들에 관한 엄청난 양의 데이터를 하나의 기업이 단 한 가지 목적을 위해(페이스북으로 치면 돈을 벌기 위해) 통제한다고 생각하면 등골이 서늘하다. 긍정적으로 본다면 페이스북이 가치 있는 데이터를 잘 보호해줄 것이란 의미가 있다. 하지만 부정적으로 이야기하자면, 페이스북의 입장에서는 우리에게 공유되는 광고 콘텐츠들이 실제로 얼마나 정확한지 신경 쓸 이유가 없다. 그들의 목표는 더 많은 클릭 확보이고, 클릭을 얻으려면 포스팅이 선정적일수록 더 좋다.

이 모든 것에 클릭 및 공유 가능성이 가장 큰 사람들을 표적으로 광고(여기서는 가짜 뉴스 스토리의 형태를 예로 들겠다)를 노출시키는 페이스북의 능력을 더한다면, 나의 뉴스 피드에 보이는 스토리와 여러분의 뉴스 피드에 등장하는 스토리는 완전히 다를 수도 있다. 그 스토리들이 진실을 반영하는지는 확인되지 않은 채로 말이다. 이런 일이 더 많이 발생할수록 구성원들이 공유하는 '진실'의 정의 같은 건 더 이상 존재하지 않는 사회가 될 위험이 커진다.

멀티태스킹의 진실

마음이란 놈은 한 번에 두 가지 생각을 동시에 하지 못해요. 두 가지 생
각을 동시에 할 수 있나 없나 자세히 보세요. 어때요, 가능한가요?[31]

— 혜민 스님, 『멈추면, 비로소 보이는 것들』

스마트폰을 옹호하는 가장 흔한 의견 중 하나는 스마트폰이
우리가 멀티태스킹을 할 수 있도록 돕고, 결과적으로 효율성
을 높여준다는 주장이다. 불행히도 이건 사실이 아니다. 멀티
태스킹(집중력을 요구하는 작업을 동시에 두 가지 혹은 그 이상으로 처
리하는 것) 같은 건 사실상 존재하지 않는다. 우리의 뇌는 인지
적 요구가 많은 두 가지 일을 한 번에 할 수 없기 때문이다.*
　우리는 멀티태스킹을 하고 있다고 생각하지만, 실제로는 학

---

* 뉴스를 들으면서 설거지를 할 수는 있다. 하지만 그건 진정한 의미의 '멀티태스킹'
　이 아니다. 둘 중 하나는 인지적 요구가 많은 행동이 아니기 때문이다.

계에서 말하는 '작업 전환task-switching'을 하는 것이다. 차가 갑작스럽게 방향을 전환하듯, 하던 일에 관한 생각을 멈추고 다른 일을 하려면 우리 뇌도 매번 속도를 줄이고 기어를 바꿔야 한다. 다른 일로 전환할 때마다 걸리는 시간은 25분 정도인 것으로 추정된다.[32]

업무에서의 멀티태스킹만 이야기하는 게 아니다(물론, 우리 중 대부분은 어려운 업무를 처리하는 도중에 이메일을 확인하면 생산성에 도움이 되지 않는다는 건 직관적으로 알고 있을 것이다). 하루 동안 우리가 하는 모든 작은 멀티태스킹에도 같은 논리가 적용된다. 텔레비전을 보면서 트위터(현재의 엑스)를 흘끗 쳐다보는 행동, 통화 중에 이메일을 보는 행동, 점심 식사를 주문하기 위해 줄을 서 있는 채로 여러 앱 사이를 빠르게 옮겨가며 훑어보는 행동까지 모두 포함된다. 여러분은 아마 친구의 이야기를 들으면서 **동시에** 문자 메시지에 답장을 보낼 수 있다고 생각할 것이다. 하지만 그렇지 않다.

실제로는 우리가 집중의 초점을 너무 빠르게 전환하는 경우가 잦은 탓에, 다음 작업을 시작할 기어를 넣을 충분한 시간을 확보하지 못하고 있다(오직 한 가지 일을 하는 데 25분의 시간을 사용한 때가 마지막으로 언제였는지 기억하는가?). 이는 우리를 비생산적으로 만들 뿐 아니라, 우리의 사고력과 문제 해결력에도 영향을 미친다. 정신적 피로도를 높이는 것은 물론이다.

그것이 전부가 아니다. 2009년, 클리포드 나스Clifford Nass 교수가 이끄는 스탠퍼드대학교 연구진은 스스로 멀티태스킹을 잘한다고 생각하는 사람들을 대상으로 여러 임무를 수행하는 능력을 평가한 획기적인 연구 결과를 발표했다.[33] 연구진은 멀티태스킹이 처음에는 사람을 지치게 할 수 있지만, 시간이 지나면 반드시 우리의 뇌가 **무엇인가는** 잘하게 만들 것이라 가정했다. 그래서 멀티태스킹에 능숙한 사람들이 멀티태스킹을 통제한 집단에 비해 무관한 정보의 무시, 업무 간 효율적 전환, 기억한 내용의 정리를 더 잘할 것이란 가정 아래 연구를 진행했다. 하지만 발표된 연구 결과는 연구진의 가정과는 정반대로 나타났다.[34]

"우리는 정말 충격받았다. (……) 멀티태스킹을 잘한다고 했던 사람들은 여러 가지 작업을 수행하는 모든 측면에 있어서 엉망이었다. 불필요한 정보를 무시하거나, 정보를 머릿속에 깔끔하게 정리하거나, 이 작업에서 저 작업으로 전환하는 능력 모두 형편없었다."

발표된 연구 결과 중에는 더 최악인 것도 있는데, 나스는 이렇게 밝혔다.

"진정한 의미의 '멀티태스킹'을 할 수 없다면, 사람들이 멀티태스킹을 그만둘 거라고 생각할지도 모르겠다. 하지만 멀티태스킹을 잘한다고 생각하는 이들과 이야기를 나눠보니 우리의 연구 결과를 확인했음에도 불구하고 그들은 여전히 자신의 멀티태스킹 능력이 뛰어나다고 생각하는 듯했고, 전혀 동요하지 않는 것처럼 보였으며, 훨씬 더 많은 일을 잘할 수 있을 거라고 믿고 있었다."

나스는 "지나친 멀티태스킹으로 인해 명확하게 생각하지 못하는 사람이 생길까 우려된다"라고 결론 내렸다.

이 자체로도 걱정스러운 일이지만, 스마트폰이 특히 부추기는 것이 바로 멀티태스킹(혹은 적어도 멀티태스킹을 시도하도록 하는 것)이란 사실을 고려하면(더욱이 나스의 연구 결과가 발표된 시점이 1세대 아이폰이 출시된 지 겨우 2년이 지난 때란 사실을 생각하면) 우려가 더욱 커질 수밖에 없다. 그리고 스마트폰은 우리의 주의 지속 시간과 기억력을 약화시킴으로써 한 번에 단 하나의 업무를 수행하는 능력마저도 갉아먹고 있는 듯하다.

스마트폰은
뇌를 변화시킨다

서로 신호를 전달하는 뉴런들이 서로 연결되는 것처럼, 서로 신호를 전달하지 않는 뉴런들끼리는 연결되지 않는다. 우리가 웹페이지를 훑어보는 데 사용하는 시간이 책 읽는 데 쓰는 시간을 밀어내면서 (……) 과거의 지적 기능과 활동을 지원했던 회로는 약해지고 분해되기 시작한다.[35]

— 니콜라스 카Nicholas Carr, 『생각하지 않는 사람들The Shallows』

사람의 심장과 간은 형성되고 나면 그 구조가 크게 바뀌지 않는다. 그리고 놀라울 정도로 최근까지, 과학자들은 뇌의 물리적 구조, 즉 개별 뉴런의 기능 역시 심장이나 간과 비슷하게 고정되어 있다고 믿었다. 그러다 우리 뇌는 **끊임없이** 변화한다는 사실을 깨달았는데, 더 충격적인 건 우리가 그 변화의 과정을 어느 정도 통제할 수 있다는 사실이었다.

런던의 택시 운전사는 우리가 사고와 훈련을 통해 뇌의 구조 및 기능을 어떻게 바꿀 수 있는지 보여주는 가장 유명한 예 중 하나다. 런던에서 택시 운전사가 되고자 하는 이들은 런던 시내를 이동할 때 필요한 엄청난 양의 운행 정보를 반드시 기억해야 하며, 거기에는 약 2만 5,000개의 거리명과 위치, 런던 시내를 통과하는 320개의 일반 경로와 각 경로에서 800미터 내에 존재하는 '관심 장소'가 포함된다. 그 내용이 너무도 포괄적이어서 '지식The Knowledge'이라고 이름 붙여진 시험을 통과해야만 런던의 택시 운전사가 될 수 있다(누구나 스마트폰을 가지고 있는 오늘날에도 런던에서 택시를 운행하려면 여전히 이 시험을 거쳐야 한다).

2000년, 유니버시티 칼리지 런던의 엘리너 매과이어Eleanor Maguire 교수가 이끄는 연구진은 런던 택시 운전사들의 뇌를 스캔하여 비슷한 연령대의 일반 사람들의 뇌와 비교한 연구 결과를 발표했다.[36] 그 결과, 택시 운전사들의 공간 기억을 담당하는 부분(후위 해마)이 일반인들보다 더 큰 것으로 밝혀졌다. 그들이 런던의 거리를 공부하느라 보낸 시간이 신체에도 영향을 준 것이다. 다시 말해, 그들의 사고가 뇌 구조의 변화를 가져왔다. 나아가 택시 운전사로 더 오래 근무할수록, 그러니까 더 오랜 시간 **훈련**할수록 뇌 구조의 변화는 더욱 확연했다.

이에 대해 잠시 생각해보자. 미국인들이 하루 평균 4시간 이상을 스마트폰에 사용하는 것으로 추산되었다는 사실도 함께 생각해보자(2017년 기준). **무언가를** 하는 데 하루에 4시간을 쓴다면 머지않아 여러분은 그 일에 상당히 능숙해질 것이다. 만약 내가 하루에 4시간씩 피아노 연습을 한다면 악보 초견하는 법을 익히는 나의 오랜 목표를 한 달 내로 이룰 수 있을 것이다. 또 스페인어 공부에 하루에 4시간을 쓴다면, 스페인어로 기본적인 대화를 나누는 데 그다지 오래 걸리지 않을 것이다.

우리의 뇌는 런던 택시 운전사의 뇌와 마찬가지로 반복과 훈련에 강력한 반응을 보인다. 그러므로 우리가 매일 스마트폰에 쏟는 시간 동안 어떤 기술들이 훈련되고 있는지, 어떤 대가를 치르고 있는지 살펴보는 일은 충분한 가치가 있다. 스마트폰에 사용하는 시간 중 대부분은 집중된 순간이 아니다. 우리는 한 번 스마트폰을 집어 들었을 때 단지 몇 분 혹은 몇 초 동안만 들여다보고 내려놓는다. 좀 더 오랫동안 스마트폰을 사용하더라도, 한 가지에 몰두하지 않는다. 계속해서 화면을 위아래로 스크롤하고 옆으로 스와이프한다.

심지어 우리가 한 앱 내에 머무르고 있을 때도, 이를테면 뉴스 앱이나 소셜미디어를 볼 때도 일정 시간 이상 한 가지에 집중하지 못하는 경우가 많다. 트윗, 메시지, 프로필, 포스팅들이 우리의 뇌를 각기 다른 방향으로 이끈다. 마치 소금쟁이처럼 절대 물에 빠지진 않으면서 수면 위를 빠르게 움직이는 형태가 된다.

하지만 그렇다고 해서 우리가 스마트폰에 그저 간간이 집중력을 사용하고 있다는 이야긴 아니다. 오히려 그와 반대로 스마트폰은 우리를 완벽히 흡수하고 있다. 매우 모순되게 들릴지 모르지만, 결과적으로 봤을 때 스마트폰을 사용하는 동안 우리는 집중을 방해하는 집중에 매우 집중된 상태다.[37]

나중에 밝혀진 사실이지만, 이런 유형의 '집중된 방해 상태'가 자주 발생할 경우 우리 뇌에 지속적인 변화를 만들어내는 능력이 형성될 뿐 아니라, 그렇게 하는 데 특히 능숙해진다고 한다. 저널리스트 니콜라스 카는 2010년 발간된 저서 『생각하지 않는 사람들』에서 이렇게 밝힌 바 있다.

"만약 우리가 가능한 빠르고 철저하게 우리의 정신 회로를 다시 연결하는 매개체를 발명하고자 한다면, 아마도 인터넷과 같은 모습에, 인터넷과 매우 비슷하게 움직이는 뭔가를 만들어냈을 겁니다."

그리고 현재, 나는 이를 더 확장해서 생각해볼 수 있다고 주장한다. 만약 우리의 정신을 다시 연결하는 기기를 발명하고 싶다면, 만약 영원히 산만하고, 고립되고, 지쳐버린 사람들로 구성된 사회를 만들고 싶다면, 만약 우리의 집중력과 심층 사고력과 기억력이 약해지길 원한다면, 만약 공감 능력을 줄이고, 자기도취를 유발하고, 사회적 예절의 선을 재설정하길 원한다면, 결국 스마트폰과 함께하게 될 것이다.

스마트폰은
주의 지속 시간을 줄인다

멀티스크린은 소비자들이 방해 요인을 효과적으로 걸러내는 능력을 잃게 만드는 동시에 새로운 것에 대한 갈망은 점점 더 커지게 한다. 이는 곧 주의력을 빼앗을 기회가 더 많아짐을 의미한다.[38]

— 마이크로소프트 캐나다, 2015년 「주의 지속 시간」 보고서 중에서

우리의 주의 지속 시간에 대해 가장 먼저 이해해야 하는 건 집중 방해가 우리의 기본값이란 사실이다. 인간은 본질적으로 방해받기 쉬운 존재다. 왜냐하면 자연 상태에서 인간은 많은 것들로부터 생명을 위협받기 때문이다. 환경의 변화는 위협을 암시할 수 있고, 따라서 우리는 주변에 주의를 기울이게 되어 있다.

그런데 왜 스마트폰을 응시하는 일이 호랑이가 있는지 주변을 살피는 것보다 더 집중력을 흐트러뜨리는 강렬한 자극

일까? 신경과학자 애덤 가잘리Adam Gazzaley와 심리학자 래리 로젠은『산만한 마음The Distracted Mind』에서 스마트폰이(같은 의미에서 인터넷도) 우리의 또 다른 진화적 특이점인 정보에 대한 욕구를 채워주기 때문이라고 제안한다.

"정보를 찾아 나서려는 인간의 선천적 동기는 다른 동물들이 식량을 찾아 나서는 것과 거의 같은 방식으로 보인다. 이 '굶주림'은 접근성이 뛰어난 정보를 전달하는 현대 기술의 진보를 통해 극단적 수준으로 채워지고 있다."

다시 말해, 우리의 뇌는 새로운 정보를 찾아 나서고 획득한 새로운 정보에 의해 동요되는 걸 선호하며, 또 그렇게 되도록 설계되어 있다. 그리고 이것이 바로 스마트폰이 우리에게 부추기는 행동이다.

인간의 뇌가 집중보다 산만함을 선호하는 이유 중 하나는, 집중하려면 우리 뇌는 한 번에 두 가지 어려운 일을 해야 하기 때문이다. 첫 번째는 집중력을 쏟을 대상을 선택해야 하는 일이다. 이 과제는 전전두피질이라 불리는 뇌의 한 부분이 담당하는데, 의사 결정 및 자기 관리 등 흔히 말하는 집행(상의하달식) 기능을 수행한다.

전전두피질은 여러 측면에서 우리를 인간이게 만든다. 우리가 집중력을 통제하지 못한다면, 추상적이고 복잡한 사고는 할 수 없을 것이다. 하지만 근육처럼 전전두피질 역시 너무 많은 의사 결정을 내려야 할 경우 지칠 수 있으며, 이를 '의사 결정 피로decision fatigue'라고 한다. 전전두피질이 지치면 우리의 집중력이 흔들리고 마음도 방황하게 된다. 집중해야 할 중요한 것과 그렇지 않은 것을 구별하는 능력을 상실한다. 더 많은 정보에 노출될수록 더 큰 문제가 될 가능성이 커진다 (우리 뇌에서 상대적으로 덜 원시적인 부분인 전전두피질은 가장 약한 부분 중 하나이기도 하다. 스트레스를 받는 상황에서 전전두피질은 겁을 먹고 뇌의 더 원시적 부분으로 고삐를 넘겨버린다. 우리가 스트레스를 받을 때 결국 스마트폰을 집어 든다는 사실을 생각하면, 이는 결코 좋은 전개가 아니라고 할 수 있다).

집중을 위해 필요한 두 번째 과제는 그다지 많은 관심을 받고 있진 못하지만 첫 번째만큼, 어쩌면 그보다 더 중요하다. 바로, 집중하려면 방해 요소를 무시하는 능력이 필요하다는 것이다. 스마트폰 등 인간이 만든 방해 요소(또는 머릿속 생각 등 내부적인 방해 요소)가 **없더라도** 우리 뇌는 이미 쏟아지는 온갖 자극에 노출되어 있다. 시각, 미각, 후각, 청각, 촉각의 오감은 우리에게 끊임없이 새로운 정보를 들이밀며 흡수하고 행동하도록 한다.

어떤 면에서는 집중하는 능력보다 방해 요소를 무시하는 능력이 훨씬 더 인상적으로 보이기도 한다. 우리는 한 번에 오직 한 가지에만 집중할 수 있지만, 집중하려면 차단할 필요가 있는 감각 정보들은 무한하게 존재한다. 당연히, 방해 요소를 무시하는 일은 많은 에너지를 필요로 하며, 훈련을 덜 할수록 점점 어려워진다. 힘이 고갈되어 불필요한 정보들을 더 이상 차단할 수 없을 때, 우리는 집중력을 잃고 다시 산만한 기본 상태로 돌아간다.

같은 글을 읽어도 종이책이나 신문으로 읽을 때와 스마트폰이나 컴퓨터 화면을 통해 읽을 때가 다르다고 느껴진다면, 여러분은 미친 게 아니다. 왜냐하면 정말로 느낌이 **다르기** 때문이다. 종이에 인쇄된 글을 읽을 경우, 우리가 맞닥뜨리는 방해 요소의 대부분은 개 짖는 소리나 진공청소기 같은 외부적인 요소다. 이때에는 우리 뇌가 무엇이 중요한지 결정하고 중요하지 않은 것을 무시하기가 상대적으로 쉽다. 또한, 지금 읽고 있는 글에 대해 생각하고 그 내용을 흡수하기 위한 가용 여력이 우리 뇌에 충분히 남는다. 인쇄된 글자를 읽을 때, 그러니까 링크나 광고가 없는 글을 읽을 때 우리 뇌에서는 주로 정보의 흡수와 이해를 담당하는 부분이 활성화된다.

하지만 스마트폰이나 컴퓨터 화면으로 뭔가를 읽으려고 하면 링크나 광고가 여기저기 널려 있다(적어도 지금까지는, 대부분의 전자책은 예외로 남아 있다. 아주 훌륭한 일이다). 주의 지속 시간의 관점에서 볼 때, 이는 최소한 세 가지 측면에서 문제가 된다.

첫째, 링크가 나타날 때마다 뇌는 클릭할지 말지를 아주 짧은 순간에 결정해야 한다.[39] 이 결정들은 너무도 잦고 사소해서 우리는 사실 그런 결정들이 이루어지고 있는지조차 알지 못하는 경우가 많다. 하지만 우리는 깊은 생각을 하는 동시에 이런 순간적인 결정을 내리지는 못한다. 이 두 가지 행위에는 뇌의 전혀 다른, 그리고 상충하는 영역이 동원된다. 얼마나 사소한지 혹은 무의식적인지에 관계없이 모든 결정은 우리가 읽고 있던 것에 쏟던 주의를 흩트리고 앗아간다. 그로 인해 우리가 읽고 있던 글의 내용을 흡수하기가 더 힘들어진다. 비판적으로 글을 읽는 건 고사하고, 나중에 기억하기조차 어렵다.

둘째, 어디선가 들리는 개 짖는 소리와는 다르게, 온라인상의 방해 요소는 우리가 집중하려고 노력하고 있는 대상 내에 자리 잡고 있다. 이것이 바로 우리 뇌가 무엇에 집중하고 무엇을 무시할지 구분하기가 매우 힘든 이유다. 어떤 단어에 걸린 링크를 의식하지 않고 그 단어의 의미를 흡수하려는 노력은 개가 내 얼굴을 핥고 있는 동안 그 개의 수염 개수를 세려고 하는 것과 같다. 거의 불가능할뿐더러 거의 절대적으로 불쾌한 일이다.

셋째, 정신적 피로로 인해 뇌가 자연스레 산만함에 굴복하게 된 경우, 그것이 낚시성 링크에 넘어간 것이든 소셜미디어를 들여다보는 것이든 우리는 애당초 우리 집중력을 유지하기 어렵게 했던 정신 회로를 강화하게 된다. 집중하지 **않는** 걸 더 잘하게 되는 셈이다.

그 결과, 온라인상에서 더 많은 글을 읽을수록, 우리는 요점만 훑어보도록 우리 뇌를 가르치게 되는 형국이 된다. 끊임없이 제공되는 정보로 인해 과부하가 걸렸다면 요점만 빠르게 훑는 기술이 유용할 수 있다. 하지만 모든 경우에 간단히 훑어보는 것을 당연시한다면 그건 문제가 된다. 대강 훑어보기에 익숙해질수록 우리는 읽기와 깊이 생각하기를 잘하지 못하게 된다. 그리고 오직 한 가지에만 집중하는 것이 더 어려워진다.

불행히도 우리의 집중력이 나빠질수록 소셜미디어 기업들이 바라보는 우리의 가치는 더 커진다. 소셜미디어 기업들이 우리의 집중력을 훔치면서 (그리고 나중에 되팔면서) 돈을 버는 것처럼, 정보성의 웹사이트들은 여러분을 산만하게 하면서 돈을 번다. 신문처럼 구독을 기반으로 한 사이트마저도 페이지 방문 횟수와 클릭률에 수익이 좌지우지된다. 이것이 바로 온라인 기사에 그토록 많은 링크가 포함된 이유이며 슬라이드쇼 형식의 콘텐츠가 왜 그렇게 흔한지를 설명해주는 이유다. 집중력에는 수익성이 없다. 산만함에는 수익성이 있다.

스마트폰은
당신의 기억을 좀먹는다

당신이 발견한 것은 기억하기 위한 방법이 아니라 기억을 상기하는 방법이다.[40]

— 플라톤, 『파이드로스Phaedrus』

우리 뇌에는 장기 기억과 단기 기억이라는 두 가지 주요한 형태의 기억이 존재하며, 스마트폰은 이 두 가지 모두에 영향을 미친다. 장기 기억은 종종 문서 보관함과 같은 역할을 한다고 묘사된다. 이 비유에 따르자면, 여러분이 뭔가를 기억하길 원할 때 여러분의 뇌는 기록 보관소를 빠르게 검색해서 그 기억이 저장된 폴더에서 기억을 찾아오고, 나머지 파일은 건드리지 않고 그냥 둔다.

하지만 장기 기억은 그렇게 작동하지 않는다. 우리가 장기 기억을 저장할 때 장기 기억은 우리 뇌 안의 서류철 속에 단독으로 존재하는 것이 아니라, 연결된 다른 기억과의 네트워크 속에서 존재한다. '스키마schema'라고 불리는 이 네트워크는 이미 가지고 있던 정보와 새로 습득한 정보를 하나씩 모두 연결함으로써 우리가 이 세계를 이해하도록 돕는다. 예를 들어 '케이크 굽는 냄새'라는 하나의 자극이 주어졌을 때 갑자기 케이크와 관련된 여러 기억이 떠오르는 것도 스키마로 설명할 수 있다.

또한, 스키마는 겉보기에 달라 보이는 대상들 간의 공통점을 찾는 데 도움을 주어 우리의 사고를 날카롭게 다듬는다. 이를테면 우리 뇌는 원뿔형 교통 표지와 호박이 각기 다른 목적을 가진다는 사실을 인지하고 있다. 그렇기에 기능의 측면에서는 스키마에 의해 두 대상이 연결되지 않는다. 하지만 원뿔형 교통 표지와 호박은 둘 다 주황색이라는 공통적인 특성을 지닌다. 이는 두 사물이 색상으로 연결될 수 있으며, 오렌지와 같은 다른 주황색 대상과도 연결될 수 있음을 의미한다.

이 예에서 볼 수 있듯 모든 정보의 조각은 한 번에 여러 스키마 속에 존재한다. 오렌지는 '주황색'이라는 스키마에 연결되고(그러므로 원뿔형 교통 표지와 연결점을 공유하며), **동시에** '감귤류 과일'이라는 스키마에도 연결된다(그러므로 레몬과 연결점이 있다).

연결의 개수 자체도 중요하다. 서로 연결되지 않은 것처럼 보이는 대상들 사이의 연결점을 잇는 능력이 발달할수록, 세상을 바라보는 통찰력 역시 발달했을 가능성이 크기 때문이다. 한 가지 사고가 다른 생각을 자극하고, 또 다른 생각으로 이어지다가……. 갑자기, 돌파구를 발견하게 된다.

요약하자면, 여러분의 스키마가 더 세밀하고 구체적으로 구성될수록 여러분의 두뇌가 복잡한 사고를 하는 능력이 더욱 향상된다. 하지만 스키마를 발달시키고 정신 공간을 구축하는 데는 시간이 필요하다. 뇌에 과부하가 걸리면 스키마 생성 능력이 떨어진다. 그렇다면 무엇이 우리 뇌에 과부하를 주는지 여러분은 짐작하겠는가? 그렇다. 다름 아닌 스마트폰이다.

심각한 스마트폰 사용이 우리의 스키마를 망가뜨리는 이유를 이해하려면, 작업 기억(단기 기억과 같은 의미로 종종 사용되는 용어다)에 관해 이야기할 필요가 있다. 간단히 말하자면, 어느 순간에건 여러분의 마음속에 있는 모든 것이 작업 기억에 해당한다. 열쇠를 찾으러 방으로 걸어가다가 잠깐 다른 생각에 정신이 팔렸을 때, "내가 뭘 찾으려고 했었지?"라는 질문에 대한 답을 바로 작업 기억이 줄 수 있다.

여러분의 '의식'이라고도 볼 수 있는 작업 기억은 모든 장기 기억이 반드시 통과해야 하는 관문이다. 애초에 의식적으로 받아들이지 않는다면 어떤 경험도 장기 기억으로 저장될 수 없다. 여기에 첫 번째 문제가 존재한다. 우리의 작업 기억은 한 번에 많은 걸 담아두지 못한다. 1956년에 진행된 작업 기억에 관한 유명한 연구의 제목은 '마법의 숫자 7 더하기 혹은 빼기 2'인데, 인간은 작업 기억 안에 다섯 가지에서 아홉 가지까지만 담아둘 수 있다는 의미다.[41] 하지만 최근의 추정치를 보면 그 수가 두 가지에서 네 가지로 줄어들었다.[42]

이처럼 능력이 제한되었기 때문에, 우리의 작업 기억에는 쉽게 과부하가 걸린다. 만약 여러분이 파티에서 두 사람을 소개받는다면, 아마 그들의 이름을 기억할 수 있을 것이다. 하지만 8명을 소개받는다면, 누구의 이름도 기억하지 못할 것이다. 다른 예로, 만약 여러분의 전화번호를 서너 개의 숫자로 묶어 띄어서 적지 않고 숫자를 다 붙여서 적어놓았다면 자기 전화번호를 외우는 일이 더 힘들었을지도 모른다.

이 첫 번째 문제에 더하여, 작업 기억이 처리하려는 정보가 많을수록, 즉 '인지 부하cognitive load'가 더 클수록 여러분이 그중 뭐라도 기억할 가능성은 적어진다. 그 이유 중 하나는 작업 기억에서 장기 기억으로 정보를 옮기는 데 시간과 정신적 에너지가 소모되기 때문이다(단기 기억은 일반적으로 신경 회로 사이의 연결을 강화함으로써 형성되지만, 장기 기억을 형성하려면 뇌에서 새로운 단백질을 만들어내야 한다).

게다가 새로운 정보 조각이 속하고자 하는 모든 스키마에 연결되기 위해서도 시간과 정신적 에너지가 소모된다. 만약 여러분의 뇌가 작업 기억에 너무 많은 정보를 담아두느라 바쁘다면, 다시 말해 인지 부하가 너무 크다면, 정보를 유용하게 처리하거나 장기 기억 저장소로 이동시키는 데 필요한 단백질을 만들기는커녕 그 정보를 저장할 여력조차 없을 것이다. 그건 마치 저글링을 하면서 지갑을 정리하려고 시도하는 것과 같다. 절대 불가능하다.

여기서 스마트폰으로 다시 돌아가보자. 스마트폰의 모든 것은 우리의 작업 기억에 과부하를 준다. 앱, 이메일, 뉴스 피드, 헤드라인, 심지어는 홈 화면 자체까지. 스마트폰은 정보의 눈사태나 다름없다. 그 결과, 단기적으로는 정신적 피로를 느끼고 집중하기 어려워진다. 장기적으로는 더 무서운 결과들이 이어진다. 앞서 이야기했듯, 스마트폰에 집중하고 있는 동안 우리는 주변에 일어나는 다른 일들을 놓치게 된다. 애초에 어떤 경험도 하고 있지 않으니, 나중에 기억하지 못하는 건 말할 필요도 없는 일이다.

설상가상으로, 우리의 작업 기억에 과부하가 걸리면 뇌는 새로운 정보를 장기 기억으로 이동시키기를 힘겨워한다. 이는 결국 우리가 힘겹게 주의를 기울일 수 **있었던** 경험(그리고 정보)을 기억할 가능성을 낮춘다.

마지막으로, 작업 기억에 과부하가 걸리고 인지 부하가 너무 큰 경우, 우리 뇌가 새로운 정보와 경험을 기존의 스키마에 연결하기 위해 필요한 재원이 부족해진다. 이는 영구적으로 기억될 가능성을 줄일 뿐만 아니라, 스키마도 약화시키기에 우리가 통찰력과 아이디어를 가질 확률도 낮아진다. 깊이 있는 사고를 할 수 있는 능력을 잃어버리게 되는 셈이다.

스트레스와 수면, 그리고 충족감

행복을 추구하는 과정에서 사람들은 마음의 흥분을 진정한 행복으로 착각한다.[43]

— 사야도 우 빤디따Sayadaw U Pandita, 『지금 현생에서In This Very Life』

예전에는 누군가 5분 안에 자신을 행복하면서도 슬프고, 흥분되면서도 불안하고, 궁금하면서도 겁에 질리고, 무시당한 듯하면서도 중요하고, 외로우면서도 실존적으로 우울하다고 말한다면, 그건 병이라고 의사의 진단을 받았을지도 모르겠다.

그런데 내게 5분 동안 스마트폰을 사용하라고 한다면 나는 위와 똑같은 감정을, 혹은 그보다 더 심각하게 극단적인 감정도 느낄 수 있다. 우리의 스마트폰은 마치 감정의 판도라 상자 같다. 스마트폰을 확인할 때마다 우리는 매번 뜻밖의 불쾌함을 마주할 가능성에 노출된다. 걱정하게 만드는 이메일을 받을 수도 있고, 잊고 있던 할 일에 관한 문자 메시지를 받을 수도 있다. 여러분을 화나게 하는 뉴스가 있을 수도 있고, 주가를 보고 불안해지거나 블로그 포스팅을 보고 슬퍼질 수도 있다.

많은 경우, 여러분은 정치 이슈나 주가 같은, 자신이 결코 통제하지 못하는 뭔가에 의해 스트레스를 받고 말 것이다. 하지만 어떤 면에서는 여러분이 통제권을 다시 가져올 수 있는 상황, 예를 들어 스트레스를 주는 이메일에 즉시 회신하는 상황이 더 나쁠 수도 있다. 여러분의 평정심을 회복하려면 지금까지 여러분이 경험한 것이 무엇이건 거기에서 벗어나야 한다. 모르는 게 약이라면 스마트폰을 쳐다보는 건 더없이 어리석은 짓이다.

스마트폰이 당신의 휴식을 방해하는 방식

매일 밤, 잠자리에 들기 두어 시간 전부터 여러분의 뇌 속 작은 분비샘에서 멜라토닌이라는 호르몬이 분비되기 시작한다. 멜라토닌은 이제 잘 시간이라는 신체 신호를 보내며 여러분을 졸리게 만든다. 아침이 되어 블루라이트인 햇빛이 눈의 뒤편을 때리면 뇌는 멜라토닌 생산을 멈춘다. 잠에서 깬 여러분은 하루를 시작하기 위해 준비한다. 블루라이트가 희미해지면 (어두워지거나 백열전구의 노란 불빛으로 대체되면) 멜라토닌이 다시 분비되기 시작한다.

블루라이트가 또 어디서 나오는지 맞혀볼 수 있겠는가? 바로 스크린이다. 자기 전에 스마트폰, 태블릿, 컴퓨터를 사용하면 그 스크린에서 방출되는 블루라이트가 '지금은 낮이니까 깨어 있어야 한다'라는 신호를 우리 뇌에 보낸다. 다시 말해 밤에 스마트폰을 확인하면 자기 자신에게 시차로 인한 피로를 주는 것과 마찬가지다. 스크린 타임, 특히 취침에 앞서 스크린을 쳐다보는 시간은 우리가 늦게까지 깨어 있도록 하고 수면의 질을 떨어뜨린다.[44]

하지만 블루라이트는 스마트폰이 우리의 수면 주기에 미치는 영향들 중 한 가지일 뿐이다. 뉴스 읽기나 게임하기 등 우리가 스마트폰으로 하는 대부분의 활동들은 자극적이다. 여러분이 소셜미디어에서 팔로우하고 있는 모든 사람들이 여러분과 같은 방에 모여 있고, 텔레비전이 뒤에 켜져 있으며, 여러 친구가 모여 정치적 논쟁을 벌이고 있는 상황에서 잠들기가 얼마나 어려울지 상상해보라. 침대로 스마트폰을 가지고 오는 건 정확히 이런 상황을 만드는 것과 마찬가지다.

만성 피로로 인한 건강 문제라는 측면에서 스마트폰이 수면에 미치는 영향은 특히 우려스럽다.[45] 여기에는 비만이나 당뇨, 심혈관계 질환에 걸릴 위험, 심지어는 요절할 위험의 증가까지 포함된다. 하버드대학교 수면의학과의 연구 발표에 따르면 단기적 수면 부족은 '판단력, 기분, 학습 및 정보 보유 능력에 영향을 미치며, 심각한 사고와 부상의 위험을 높일' 수도 있다.[46] 여러분이 피곤할 때 뇌는 방해 요소들을 걸러내는 데 더 많은 어려움을 겪는다. 자제력이 떨어지고 불만을 참아내는 수준도 낮아진다. 뿐만 아니라 무엇이 집중해야 할 중요한 일이고 무엇이 그렇지 않은 일인지를 결정하는 능력에도 문제가 발생한다.[47]

단기적 수면 부족이라고 해서 광란의 하룻밤을 의미하는 건 아니다. 열흘 정도만 하루에 6시간(적정 수면 시간인 7~9시간보다 부족한)씩 자면 '열흘째 되는 날에는 그 전날 24시간 내내 깨어 있는 것과 같은 손상이 있다'라고 연구진은 밝혔다.[48] 더불어 수면 부족으로 인해 유발되는 '수행 능력 손상 수준은 혈중알코올농도가 0.10퍼센트일 때 오는 손상 수준과 같다. 이는 미국의 음주 운전 법적 기준치를 넘어선 것'이라고도 설명했다.

지금 이 이야기에 자신은 해당되지 않는다고 생각한다면, 수면이 부족한 상태인 사람일수록 자신은 그렇지 않다고 더 강력하게 주장할 가능성이 있다는 사실을 기억하길 바란다. 수면 부족인 사람은 자기 정신 상태를 제대로 판단할 능력이 이미 손상되어버렸기 때문이다.

몰입의 기회를 빼앗기다

'몰입Flow'은 심리학자 미하이 칙센트미하이Mihaly Csikszent
mihalyi가 처음 제시한 용어로, 어떤 경험에 완전히 빠져들었을
때 느끼는 기분을 의미한다. 우리는 노래를 부를 때, 운동할
때, 심지어 일할 때도 몰입을 경험할 수 있다. 몰입 상태일 때
는 그 순간에 온전히 빠져들어 있기 때문에 시간의 흐름 밖에
있는 듯한 느낌을 받는다. 몰입하고 있는 경험과 정신의 경계
가 사라지고, 남의 시선은 신경 쓰지 않게 된다. 완전히 흡수
된 상태, 다시 말해 자신만의 영역에 푹 빠져든 상태다. 몰입
은 우리를 이끌어 인생이 풍부해지는 순간과 기억에 도달하
게 한다.

만약 방해 요소가 있다면, 여러분은 어떤 경험에든 완벽히
몰두할 수 없다. 이는 당연히 몰입할 수 없다는 말과 같다. 스
마트폰은 방해의 도구이므로, 스마트폰에 더 많은 시간을 쓸
수록 우리가 몰입을 경험할 가능성은 줄어든다.

창의적인 두뇌에는 지루함이 필요하다

새로운 아이디어를 떠올리는 과정과 연관된 창의성을 가
지려면 휴식과 정신 공간이 필요하다. 하지만 스마트폰을 보
고 있으면 이 두 가지 모두 얻기 어려워진다. 창의성은 잘 쉬
어야 발현된다. 이와 관련해 워싱턴 D.C.의 국립어린이병원

에서 수면의학과 과장을 맡고 있는 주디스 오웬스Judith Owens
는 "수면 부족은 기억력, 창의성, 언어적 창의력, 심지어는 판
단력과 동기 등에도 영향을 미칠 수 있다"[49]라고 이야기했다.
그리고 창의성은 종종 지루함에 의해 촉발되는 경우가 많은
데, 스마트폰은 우리가 지루할 틈이 없도록 하는 데 탁월하다.

창의성에 있어 지루함의 중요성을 가장 잘 설명한 사람을
찾으라면 나는 린 마누엘 미란다Lin-Manuel Miranda가 떠오른다.
그는 뮤지컬 〈해밀턴Hamilton〉의 극본, 작곡, 작사를 맡고 출연
까지 한, 천재적 재능의 소유자이자 다양한 수상 경력에 빛나
는 인물이다. 《지큐GQ》와의 인터뷰에서 미란다는 이렇게 말
했다.

"제가 어렸을 때 일인데, 친한 친구 대니와 함께 3시간 동
안 차를 타고 집으로 가는 중이었어요. 대니는 차에 타기 전
길거리에서 주운 막대기 하나를 가지고 가는 내내 게임을 만
들어내더군요. 네, 고작 막대기로 말이에요. 막대기는 사람이
되었다가, 더 큰 게임의 말이 되기도 했죠. 대니는 막대기가
전화기인 척하면서 막대기에 대고 말을 하기도 했어요. 저는
그 녀석 옆에 앉아서 동키콩Donkey Kong 게임(1981년에 발매된 닌
텐도의 플랫폼 게임—역주)을 하면서 속으로 이렇게 말했던 기
억이 납니다. '야, 너 지금 혼자서 세 시간 동안 놀고 있는 거
야. 말도 안 되는 막대기로 말이야!' 그리고는 이렇게 생각했

죠. '와, 나도 상상력 게임을 **만들어내야겠어.**'"[50]

이 기사를 읽었을 때, 나의 일부는 '나도 막대기를 가지고 노는 시간을 늘려야겠다'라고 생각했고, 더 냉소적인 일부는 '누군가 이 이야기로 앱 하나 만들겠군'이라고 생각했다.

어떻게 당신의 인생을
되찾을 것인가

우리는 욕망으로 인한 거북함, 조임, 가려움을 참는 법을 배웁니다. 긁고 싶은 욕망을 참으며 가만히 앉아 있도록 훈련합니다. 이것은 습관적 패턴의 연쇄 반응을 멈추기 위한 방법입니다. 연쇄 반응을 멈출 수 없다면, 그 패턴에 우리 삶이 지배당할 것입니다.[51]

— 페마 쵸드론Pema Chödrön

자, 여기 좋은 소식이 하나 있다. 우리는 스마트폰의 부정적인 영향 중 많은 부분을 마치 없었던 일처럼 무효로 만들 수 있다. 우리의 주의 지속 시간을 다시 늘릴 수 있다. 우리의 집중력도 되찾을 수 있다. 스트레스를 줄이고, 기억력을 향상시키며, 질 높은 수면도 누릴 수 있다. 스마트폰과의 관계를 변화시키고 스마트 기기로부터 우리의 인생을 되찾아올 수 있다. 이 책의 다음 파트인 '이별'은 여러분을 도와 이것이 가능하게 할 것이다. 하지만 다음 파트로 넘어가기 전에, 스마트폰과의 이별 뒤에 숨은 과학과 철학에 대해 간단히 이야기해보자.

욕망을 다스리는 마음 챙김

마음 챙김은 한마디로 정의하기에 복잡한 단어다. 하지만 우리가 이루려는 목적을 고려할 때, 나는 매사추세츠대학교 의과대학의 마음 챙김 센터 센터장인 저드슨 브루어Judson Brewer의 정의가 가장 적절하다고 생각한다.

"마음 챙김은 세상을 더 명확하게 보는 일이다."[52]

이때 '세상'에는 우리 자신도 포함된다. 이 단순한 아이디어가 실제로 지니는 힘은 상당히 강력하며, 특히 중독에서 벗어나는 법에 관련해서는 더욱 그렇다. 어떻게 그럴 수 있을까? 2011년, 브루어와 그의 동료들은 마음 챙김 훈련이 사람들의 금연에 도움을 줄 수 있는지 알아보기 위해 무작위로 선택한 흡연가들을 통제 집단으로 나누어 진행한 실험 결과를 발표했다.[53] 연구진이 마음 챙김과 비교하고 싶었던 구체적인 대상은 당시 '최적의 기준이 되는' 금연 치료법이라 통용되던 미국폐협회American Lung Association의 '흡연으로부터의 자유Freedom from Smoking'라는 프로그램이었다.

브루어는 거의 100명의 흡연자를 무작위로 두 그룹으로 분류하고 2년에 걸쳐 실험을 진행했다. 한 그룹은 흡연으로 부터의 자유 프로그램에 참여하도록 했고, 다른 그룹은 마음 챙김 훈련을 받았다.

먼저, 브루어는 '마음을 챙기는' 흡연자들에게 습관 고리에 대해 가르쳤다. 그들은 자신의 계기가 무엇인지 파악하는 법을 배웠고, 아무것도 변화시키지 않으면서 자신들의 욕망(그리고 반응)에 주의를 기울이도록 연습했다. 이 과정만으로도 놀라운 효과가 있었다. 예를 들어, 담배의 맛에 의식적인 주의를 기울이는 정도의 노력만으로도 한 명의 장기 흡연자가 마침내 담배를 끊겠다고 결심하기에 충분했다. 브루어는 "머릿속으로만 흡연이 나쁘다는 걸 알고 있다가 뼈에 새길 정도로 **깨닫게** 되면서, 추상적인 지혜가 실질적 지식이 된 사례다"라고 설명했다.[54]

다음으로, 그는 '마음을 챙기는' 흡연자들에게 그들의 욕망으로부터 달아나기보다는 다가가보라고 제안했다. 참가자들은 자신의 욕망을 알아차리고 편안한 마음으로 그 욕망에 임하도록 훈련했다. 굳이 욕망을 차단하려고 애쓰지 말고 자연스레 진행되도록 두는 훈련이었다. 그들의 욕망이 어떤 정서적·신체적 느낌으로 자신을 이끄는지 주의 깊게 살펴보도록 했다. 그리고 욕망이 일어날 때 그 욕망을 이겨내는 방법으로 이 훈련을 활용했다. 브루어는 참가자들에게 정식으로 명상을 가르쳤고, 매일 명상을 하도록 지시했다.

실험 데이터를 분석한 결과, 마음 챙김 훈련을 받은 사람들의 금연율은 흡연으로부터의 자유 프로그램에 참여한 그룹의 두 배였고, 나아가 재흡연율은 마음 챙김 그룹에 속했던 참가자들이 현저히 낮았다.

마음 챙김 훈련은 우리가 스마트폰 중독에서 벗어나는 데 효과적이거나, 어쩌면 그보다 더 큰 효과를 지닐지도 모른다. 마음 챙김의 혜택은 여기서 멈추지 않는다. 매 순간 여러분이 경험하는 바에 의도적으로 주의를 집중한다면 스마트폰 없이도 기억할 수 있는 양분이 제공된다. 이는 여러분의 불안감을 해소하고 인생에 풍부함을 더하는 데 도움을 준다. 우리가 이런 식의 마음 챙김 훈련을 먼저 배워야 하는 이유 중 하나가 여기에 있다.

우리는 스스로를 평가하거나 뭔가를 바꾸려고 시도하지 않고, 자신의 감정과 생각, 반응에만 의도적으로 주의를 집중하는 방식으로 시작해보려고 한다. 그러면 우리의 마음이 우리에게 보내는 초대장들이 도착할 것이다. 지금부터 그 초대에 어떻게 대응할지, 혹은 대응할지 말지를 결정하는 연습을 해보겠다.

지나치게 열성적인(약간은 정상이 아닌) 파티 플래너처럼, 우리의 마음은 **끊임없이** 우리에게 특정 행동을 취하거나 특정 방식으로 반응하도록 초대장을 제시한다. 예를 들면, 교통 체증에 맞닥뜨리면 다른 운전자에게 욕을 하고 싶다는 초대장을 받는다. 금요일 밤을 홀로 보내게 될 경우 스스로 쓸모 없고 친구도 없는 사람이라는 결론을 내리게 하는 초대장을 받게 된다.

다시 말해, 거부할 수 없는 충동이라고 생각하는 것들이 사실은 우리 마음에서 보내온 초대였던 셈이다. 이건 굉장히 중요한 깨달음이다. 왜냐하면 이걸 깨닫게 되는 순간, 여러분은 자기 마음에 대고 왜 이런 허접스러운 파티에 자신을 초대하는지 물을 수 있기 때문이다. 교통 체증으로 스트레스 받는 시간이 도로 위의 노래방 시간으로 바뀌지 못할 건 또 뭔가? 홀로 보내는 금요일 밤이 누구도 같이 보자고 설득하지 못했던 영화를 보는 시간이라고 생각할 순 없을까?

마음 챙김은 우리가 이런 초대를 알아차리고 관리하는 데 도움을 줄 뿐만 아니라, 핵심 감정, 두려움, 그리고 우리의 중독을 주도하는 욕망을 인식하도록 한다. 이는 중독에서 벗어나는 데 있어 굉장히 중요하다. 저드슨 브루어가 『크레이빙 마인드The Craving Mind』에서 설명했듯, 대부분의 중독은 기분이 더 좋아지거나 나쁜 기분이 사라지길 원하는 열망에 기반한다. 여러분이 이루고자 하는 목표 혹은 피하고자 하는 결과를 파악하지 않은 채로 스마트폰 사용을 줄이려고 한다면 실패하게 될 것이다. 다시 예전의 나쁜 습관으로 돌아가거나, 더 파괴적일 가능성이 큰, 또 다른 파괴적인 습관을 찾게 될 것이고 결국 예전과 같은 부정적인 효과를 낳을 것이다.

마음을 챙기는 상태가 되고자 연습할수록, 우리의 뇌에도 자체적인 마음이 있다는 사실이 분명해진다(나는 내 마음이 '좋은 친구인 동시에 완전히 제정신이 아닌 친구'라고 생각한다). 우리 마음에서 보내는 모든 초대에 응하지 않아도 된다는 사실을 깨닫는 순간, 여러분은 자기 인생에 대한 통제권, 스마트폰 안팎의 인생 모두에 대한 통제권을 얻게 된다.

스마트폰을 향한 욕망을 이기는 법

흡연자들을 대상으로 성공을 거두었던 접근 방식이 스마트폰에도 효과가 있다. 스마트폰에 대한 갈망에 맞서 싸우려 애쓰지 않고 그저 불편감을 인지한다면, 다시 말해 욕망의 파도를 잘 이겨낸다면 그것은 결국 스스로 사라지고 말 것이다.

예를 들어, 스마트폰에 손을 뻗으려는 자신을 발견했다고 치자. 마음 챙김 연습이란 스마트폰에 대한 욕구와 싸우려고 시도하거나 그런 욕구가 있는 자신을 비난하는 대신, 그 욕구를 인지하고 욕구가 진행되는 과정을 집중해서

지켜보는 것이다. 그리고 그 과정을 보면서 여러분은 스스
로에게 이런 질문들을 할 수 있다.

- 그 욕망이 나의 뇌와 신체에 어떤 느낌을 주는가?
- 지금, 이 순간 왜 이런 욕구가 들었다고 생각하는가?
- 어떤 보상을 받기를 원하는가? 혹은 어떤 불편감을 피하려고
  하는가?
- 이 충동에 반응하면 무슨 일이 일어날까? 혹은 아무 반응도 하
  지 않으면 어떻게 될까?

다음에 다시 스마트폰을 보고 싶은 충동을 느끼는 자신
을 발견하면, 잠시 멈춰라. 숨을 들이마시고 그 욕망을 그
저 인지하라. 욕망에 굴복하지 마라. 하지만 욕망을 사라
지게 하려고 노력하지도 마라. 그저 관찰하라. 그리고 무
슨 일이 일어나는지 지켜봐라.

PART 2
이별

"우리의 집중력을 다시 우리 것으로 만들기 위해
우리는 개별적이고 집단적인 행동에 나서야 한다.
그리고 삶이라는 본질적 경험의 소유권을 되찾아야 한다."[1]

— 팀 우Tim Wu, 『주목하지 않을 권리The Attention Merchants』

기술의 우선순위를 정하라

누구나 집중력이 무엇인지 알고 있다. 동시에 가능한 여러 사고의 흐름에서 하나를 선택해 명확하고도 생생한 형태로 마음을 담아 취하는 행위다. (……) 원하는 일을 효과적으로 처리하기 위해 특정 대상으로부터 물러남을 의미하며, 혼란스럽고 멍하고 정신이 산만한 상태와는 정확히 반대된다.[2]

— 윌리엄 제임스William James, 『심리학의 원리The Principles of Psychology』

이별 파트에 온 걸 환영한다. 이 파트에서는 여러분의 스마트폰과 새로운 관계를 맺기 위한 실질적 가이드를 제공할 예정이다. 그에 앞서 몇 가지 사항을 전달하고자 한다.

계획은 자신에 맞춰 변경할 수 있다. 30일을 목표로 한 이별 계획을 다음과 같이 세워두었다. 습관을 바꾸는 데는 시간이 걸리기 때문에, 단계별로 나누어 진행하길 추천한다. 원한다면 여러분에게 적합한 방식으로 자유롭게 계획을 활용해도 무방하다. 취지는 스마트폰과의 새로운 관계 형성이라는 경험을 개개인에 맞춰 실천하는 것이다.

스마트폰과의 30일 이별 플랜

WEEK 1 기술의 우선순위를 정하라	
DAY 1 (월요일)	트래킹 앱 고르고 설치하기
DAY 2 (화요일)	스마트폰과의 관계 현황 파악하기
DAY 3 (수요일)	조금씩 주의를 기울이기
DAY 4 (목요일)	스스로 점검하고 행동하기
DAY 5 (금요일)	소셜미디어 앱 삭제
DAY 6 (토요일)	현실의 삶으로 돌아오기
DAY 7 (일요일)	눈과 손 대신 몸을 움직이기
WEEK 2 습관을 바꿔라	
DAY 8 (월요일)	알림을 거부하는 법
DAY 9 (화요일)	앱 정리로 인생을 바꾸기
DAY 10 (수요일)	충전 장소 바꾸기
DAY 11 (목요일)	성공을 위한 본격적인 준비
DAY 12 (금요일)	차단 앱 고르고 설치하기
DAY 13 (토요일)	공간적·시간적 경계 정하기

DAY 14 (일요일)	퍼빙을 그만두기
WEEK 3 당신의 원래 뇌를 되찾아라	
DAY 15 (월요일)	멈추고, 숨 쉬고, 현실을 느끼기
DAY 16 (화요일)	멈춤 연습
DAY 17 (수요일)	주의 집중 시간을 위한 훈련법
DAY 18 (목요일)	명상도 도움이 된다
DAY 19 (금요일)	시범 분리를 위한 준비
DAY 20~21 (토~일요일)	시범 분리
WEEK 4 (그리고 며칠 더) 스마트폰과 맺게 될 새로운 관계	
DAY 22 (월요일)	시범 분리 결과 분석하기
DAY 23 (화요일)	스마트폰 단식 시작
DAY 24 (수요일)	온갖 초대를 관리하는 방법
DAY 25 (목요일)	디지털 라이프 정리 완결판
DAY 26 (금요일)	스마트폰 확인을 확인하기
DAY 27 (토요일)	디지털 안식 생활의 지혜
DAY 28 (일요일)	초효율적인 사람들의 스마트폰 사용 습관 7
DAY 29 (월요일)	스스로 만든 궤도를 지키는 법
DAY 30 (화요일)	이별을 축하합니다!

우리는 혼자가 아니다. 이 파트에서는 여러분보다 먼저 스마트폰과 이별을 경험한 사람들의 이야기를 인용해 실었다.

우리 모두가 비슷한 일로 괴로워하고 있다는 증거를 보여주는 동시에 여러분에게 영감을 주기 위해서다.

스마트폰과 이별에 대해 평가받을 일은 없다. 여러분 자신, 그리고 내가 평가할 일은 (당연히) 없을 것이다. 우리가 할 일은 오직 관찰하고, 질문하고, 실험하는 것이다. 30일의 연습이 끝난 후 하루에 왓츠앱WhatsApp(모바일 메신저) 메시지 150개를 보내는 데 시간을 쓰겠다고 결론 내린다 하더라도, 그것은 전적으로 여러분의 결정에 달린 문제다.

스트레스를 받을 필요도, '실패'할 일도 없다. 연습해보고 여러분에게 맞으면 다행이다. 여러분의 도구 세트에 추가하면 되니까. 만약 어떤 방법을 시도했는데, 여러분에게 맞지 않는다면 다음 방법으로 넘어가면 된다. 이와 비슷하게, 과거의 습관으로 돌아간다고 해서 자신을 너무 몰아세우지 말자. 솔직히 그럴 수도 있는 일 아니겠는가. 그냥 다시 정상 궤도로 돌아오면 된다. 스스로 실망한 상태를 인지하고, 자신을 기분 나쁘게 한 행동을 상쇄하고, 다시 추진력을 얻을 수 있는 어떤 일을 하는 방법 등으로 말이다.

배출한 탄소를 상쇄하는 것 같은 방법을 여러분의 스마트폰에도 적용할 수 있다. 예를 들어, 정신을 차려보니 다시 소셜미디어에 빠져 있다면, 의도적으로 현실 세계에서 친구를 만나 점심을 먹는 계획을 세우거나 스마트폰을 집에 둔 채 저녁 산책을 하러 나가라.

메모하라. 이별 플랜 중간중간에는 여러분이 대답해야 할 질문과 문장들이 포함되어 있다. 만약 평소 일기를 쓰는 타입이라면, 스마트폰과의 이별을 위해 특별한 노트를 마련했으면 한다. 실험이 끝날 때쯤이면 자신의 생각을 돌아볼 수 있는 기록들이 남아 있을 것이다. 스스로에게 보내는 편지의 형태로 대답들을 적을 수도 있고, 노트 가장자리에 메모를 끄적여둘 수도 있다.

추가적인 가르침을 모색하라. 오늘날의 기술은 워낙 빠르게 변화하므로 이 책에서는 스마트폰의 구체적인 설정을 어떻게 변경하는지에 관련된 핵심적인 사항은 다루지 않을 것이다. 이 때문에 혼란스럽다면, 인터넷 검색을 통해 각자의 스마트폰 모델을 검색해보라. 아니면 주변에 있는 9살짜리 아이를 찾아서 대신 해달라고 부탁하면 된다.

개인적인 수준에서부터 출발하라. 우리는 (직장이나 학교가 목표로 하는 바와는 다르게) 개인의 삶에서 스마트폰을 어떻게 사용하고 있는지를 먼저 살펴볼 것이다. 그 이유는 다음의 두 가지다. 첫째, 낮게 달려 있어서 쉽게 딸 수 있는 과일처럼 쉬운 목표다. 많은 사람들이 일 때문에 계속해서 스마트폰을 확인해야 한다고 주장하면서 자신들의 스마트폰 사용 습관을 변명한다. 하지만 정말 일 때문에 확인하는 걸까? 인스타그램 피드를 보고 있으면서 '일 때문에 확인'한다고 스스로 믿는 건 아닐까?

둘째, 우리가 개인적 차원에서 스마트폰 사용에 주는 변화는 일과 관련된 스마트폰 사용에도 영향을 미칠 수 있다. 스마트폰과의 사적인 관계를 고칠 수 있다면, 스마트폰과의 공적인 관계도 더 낫게 바꿀 수 있을 것이다.

타인을 초대하라

스마트폰과의 이별을 다른 누군가와 함께 한다면 훨씬 재미있을뿐더러 스마트폰과의 새로운 관계도 더 수월하게 유지될 가능성이 크다. 여러분의 친구, 가족, 룸메이트, 동료를 부추겨서 이별 과정을 함께 실천해보자. 그렇게 한다면 책에 나온 질문들을 대화에서 활용할 수 있고 서로 원하는 방향으로 나아갈 수 있다.

"가능하다면, 다른 사람이 함께 하도록 권유해야 합니다. 그리고 거기서부터 뭔가를 만들어내야 합니다. 마치 당신의 파트너 혹은 가족들과 함께 건강한 식단으로 바꾼다면 다이어트가 더 쉬워지듯이 말이죠." — 사라

아무 생각 없이 산만해지는 상태가 잘못된 건 아니다. 스마트폰에 집중해서 멍해지는 시간이 정확히 여러분이 원하는 것일 수 있다. 문제라면, 그리고 여러분이 피해야 하는 건, 그렇게 아무 생각 없이 산만해지는 상태가 우리의 기본값이 되는 것이다.

그리고 마지막이면서 가장 중요한 핵심은 **자신을 비난하지 않는 것이다.** 우리는 '어떻게 인생을 살고 싶다'라는 목표와 실제로 살아가고 있는 현실의 차이를 해결하려고 노력하고 있다. 당연히 그 과정에서 불편한 순간들이 생기기 마련이지만, 궁극적으로 스마트폰과의 이별은 기분 좋은 일이 되어야 한다. 자기 자신에게 "안돼"라고 말하고 있는 기분이 들기 시작한다면, 한 발 뒤로 물러서서 마음을 가다듬길 바란다. 우리의 목표는 절제가 아닌 자각이다.

왜 기술의 우선순위를 정해야 하는가?

스마트폰과의 이별에 실패하는 경우는 대체로 준비가 부족했기 때문이다. 우리가 이미 다루었듯, 사람들은 자신이 실제로 스마트폰과 어떤 관계를 맺기를 원하는지 먼저 자문해보는 과정 없이 그 관계를 변화시키려고 노력하는 경향이 있다. 대개 '스마트폰에 쓰는 시간을 줄이겠다'라는 모호한 목표를 가지고 시작한다. 구체적으로 무엇을 변화시키거나 달성하려고 노력할 것인지 혹은 애초에 자신이 스마트폰에 손을 뻗는 이유가 무엇인지 파악하지 않고 말이다. 그렇게 갑자기 끊으려고 노력하다가 실패한 뒤 좌절감과 무력감을 느끼고 만다.

이는 마치 누군가와 더 나은 관계를 원한다는 이유로 하루아침에 그 사람을 차버리는 것과 마찬가지다. 하지만 자세히 따져보면, 그 '더 나은 관계'가 어떤 모습일지에 대해서는 아무 생각이 없다. 자신이 어떤 관계를 원하는지 충분한 시간을 들여 파악하지 않으면, 나중에 다른 사람을 만나 관계를 형성하더라도 여전히 불만족스럽거나 건강하지 않은 관계가 되어버려서 이전 관계와 별반 다를 것 없게 될 가능성이 크다.

스마트폰에 '모 아니면 도'라는 식으로 접근하는 건 앞서 우리가 이야기했던, 스마트폰에 **좋은 점**도 많다는 사실을 철저히 무시하는 접근법이기도 하다. 이 이별의 핵심은 우리 자신으로부터 현대 기술의 혜택을 빼앗는 것이 아니다. 스마트폰의 장점은 누리되, 단점으로부터 스스로를 보호하는 경계를 설정하는 것이다.

이것이 바로 기술의 우선순위를 정해야 하는 이유다. 이 단계에서 우리는 마음 챙김과 앱을 사용하여 현재 자신과 스마트폰의 관계에 관한 데이터를 수집한다. 이를 통해 무엇이 적절하고, 무엇이 그렇지 않으며, 자신이 어떤 변화를 원하는지 파악할 수 있다.

우리를 이끌어줄 질문

앞서 문자 그대로, 그리고 비유적으로 **우리가 무엇에 주의를 기울이느냐가 우리의 삶**이라는 사실에 관해 이야기한 바 있다. 자, 이제 잠시 시간을 가지고 다음의 질문에 답해보자.

○ **당신은 무엇에 주의를 기울이길 바라는가?**

앞으로 우리가 함께 나아갈 30일(그리고 그 이후에도 이어질)의 여정 동안 스스로에게 이 질문을 거듭해서 던지길 바란다. 언제든 스마트폰에 손을 뻗고 싶은 자신을 발견할 때 이 질문으로 자신을 통제하라. 또, 이별 과정에서 길을 잃었다고 생각된다면 언제든 이 질문을 돌아보자.

"저는 주위 환경에 집중하고 싶어요. 자연과 예술을 느끼고 제 기분을 차분히 들여다보고 싶어요."   —에밀리

"저는 친구들에게 집중하고 싶어요. 우리가 뭔가를 함께 경험(영화를 보거나 식사를 하거나)할 때 그 순간에 온전히 몰입하고 싶습니다."   —로런

일정을 정하라

정식으로 시작하기 전에 시범 분리를 진행할 날짜를 여러분이 직접 골라서 자기 동기를 한껏 높여보자. 진지하게 하는 말인데, 달력을 가져와서 일정을 정해보자. 지금 당장!

내가 제안한 일정에 따라 스마트폰과의 이별 과정을 월요일에 시작한다면, 세 번째 주말에 시범 분리를 진행하게 될 것이다. 금요일 저녁부터 토요일 저녁까지 시범 분리를 시도해보길 추천한다. 일요일을 기분 좋게 맞이할 수 있기 때문이다. 그렇지만 토요일에서 일요일까지 분리를 시도하는 것도 괜찮다(만약 주말이 어렵다면, 아무 때나 편한 요일, 편한 시간에 24시간을 잡고 시범 분리를 시도해보라).

당연히 이 날짜는 원한다면 나중에 바꿔도 된다. 지금 날짜를 정해두는 이유는 단순히 책으로만 읽고 넘어가는 게 아니라 미래의 하루를 정해서 달력에 표시해둠으로써 실제로 시

범 분리를 시도할 가능성을 높이기 위함이다. 이렇게 하면 여러분에게 준비할 시간이 주어진다(시범 분리를 준비하는 데 내가 많은 도움을 줄 예정이다. 우리는 서로를 지지할 것이고 모든 일은 잘될 거다. 아마 여러분 자신이 그 과정을 얼마나 즐기는지를 깨닫고 놀랄지도 모른다).

나아가 이별 일정 전체를 달력에 표시하는 것도 고려해보라. 달력 앱이든 종이 달력이든 상관없다. 30개의 일정을 달력에 전부 추가하기가 번거롭다면, 리마인딩용 알림 하나만 설정하되 30일 동안 매일 반복되도록 하라. 알림 문구는 '스마트폰과 헤어지기' 정도면 되겠다.

⟩ **트래킹 앱 고르고 설치하기**

기술의 우선순위 정하기의 첫 단계는 우리가 스마트폰에 쓰고 있다고 '생각하는' 시간과 실제로 스마트폰에 쓰고 있는 시간을 비교하는 것이다. 다음 질문에 여러분의 답을 써보는 것부터 시작하자.

> ○ 하루에 몇 번이나 스마트폰을 집어 든다고 생각합니까?
> ○ 하루에 몇 시간이나 스마트폰을 사용한다고 생각합니까?

그다음에는 우리가 얼마나 자주 스마트폰에 손을 뻗는지, 얼마나 오래 스마트폰을 사용하는지 자동으로 모니터해주는 '시간 트래킹 앱*'을 다운로드한다. 아직은 여러분의 행동에

---

* 애플의 기기에는 iOS 12 버전부터 스마트폰 사용 양상을 분석해주는 '스크린 타임' 기능이 추가되었다. 안드로이드의 경우 '스테이프리StayFree' 앱을 추천한다. 다만 일부 트래킹 앱의 경우 여러분의 위치를 추적하도록 허용해야 한다는 사실을 염두에 두자. 무서운 일에 악용하려는 목적이 아니라, 그래야 여러분이 언제 어디서 스마트폰을 사용하는지 데이터를 수집할 수 있기 때문이다.
최근에는 스마트폰 자체에 사용 시간 추적 및 제한 기능이 탑재되어 출시되고 있으니 이를 활용하는 것도 좋은 방법이다.

서 뭔가를 바꾸려고 시도하지 마라. 우리의 목표는 그냥 데이터를 얻는 것뿐이다. 트래킹 결과에 대해서는 며칠이 지난 뒤에 다룰 예정이다.

> "제가 스마트폰에 쓰고 있다고 생각한 시간과 실제 사용 시간의 차이를 깨닫는 것 자체가 엄청난 일이었습니다."　　ㅡ 더스틴

스마트폰과의 관계 현황 파악하기

트래킹 앱을 깔아서 백그라운드에서 작동하도록 해두었으니, 이제 노트를 꺼내어 다음의 질문에 대한 답을 몇 개의 문장으로 작성해보자. 자신에게 이메일을 보내도 좋고, 그냥 메모지에 간단히 써도 된다.

- 스마트폰의 어떤 점을 좋아하는가?
- 스마트폰의 어떤 점을 좋아하지 않는가?
- 스마트폰에 많은 시간을 썼을 때, 스스로 느끼는 긍정적이거나 부정적인 자신의 변화는 무엇인가(나이에 따라서는 처음 스마트폰을 사용한 이후 자신에게 어떤 변화가 있었는지 물어볼 수도 있겠다)?

"제 손끝에 전 세계 정보들이 닿는다는 사실이 좋습니다. 어떤 질문에든 답할 수 있고, 어떤 길이든 찾아갈 수 있는 능력은 상당히 놀라워요. (하지만) 주머니에서 꺼내어 보기가 너무 쉽고, 뉴스 등 뭔가를 확인하기도 너무 쉽습니다. 예전 같았으면 주변의 세상을 둘러봤을 텐데 말이죠. 스마트폰을 꺼내도록 자신에게 강요하는 순간마다 저는 스마트폰을 보지 않았다면 놓치지 않았을 흥미로운 일들이 있단 사실을 깨닫습니다." —코너

"제 집중력 지속 시간이 확연히 줄었습니다. 앞으로의 일을 계획하려고 노력하지 않아요. 이동 경로이건 정보이건 마찬가지입니다. 뭐든 항상 그 순간에 닥쳐서 검색해도 되기 때문이죠. 기억력도 약해졌어요. 고개를 숙인 채로 메시지를 주고받는 일이 많다 보니 목, 엄지손가락, 손목 등 신체적 불편감도 있습니다." — 에린

작성을 마쳤다면 앞으로 한 달 뒤, 그러니까 스마트폰과 이별 막바지의 자기 모습을 상상해보라. 스마트폰과의 새로운 관계가 어떤 모습이길 바라는가? 남는 시간에 무엇을 하거나 달성할 수 있길 바라는가? 누군가 어떤 변화가 있었는지 물어본다면 어떤 답을 할 수 있길 바라는가? 미래의 자신에게 이별 성공이 어떤 모습일지 그리는, 또는 이별 성공을 자축 짧은 메모나 이메일을 남겨보라.

"제 스마트폰에 너무 얽매이지 싶지 않아요. 잘 알지도 못하는 사람들의 소셜미디어를 스크롤하면서 시간을 허비하고 싶지 않습니다. 스마트폰을 보지 않음으로써 되찾은 그 시간에 뭐든 유용한 일을 했으면 해요. 새로운 취미를 시작하거나, 운동 수업을 하나 더 듣는 거죠. 제 연인이나 지인들이 제가 만사에 훨씬 더 집중하는 것 같다고 말해주면 좋겠어요. 덜 산만해졌다고 말이에요." — 시오반

조금씩 주의를 기울이기

기술 우선순위 정하기의 다음 단계에서는 스마트폰을 언제, 어떻게 사용하며 그때 어떤 느낌이 드는지에 주의를 기울여서 마음 챙김 연습을 이어간다. 앞으로 24시간 동안 다음의 사항들을 알아차리려고 노력해보라.

- ○ 당신이 거의 항상 스마트폰을 사용하게 되는 상황

  예 | 줄 서서 기다릴 때, 엘리베이터에서, 차 안에서 등

- ○ 아침에 처음으로 스마트폰을 보는 시간과 저녁에 마지막으로 스마트폰을 보는 시간

- ○ 스마트폰을 사용하고 있을 때의 자세 변화

- ○ 스마트폰에 손을 뻗기 직전의 감정 상태

  예 | 지루함, 궁금함, 불안함, 행복함, 외로움, 흥분됨, 슬픔, 사랑스러움 등

- ○ 스마트폰을 사용하고 난 직후의 감정 상태

  기분이 더 나아졌는가? 나빠졌는가? 스마트폰에 손을 뻗게 만든 정서적 니즈가 충족되었는가?

- ○ 스마트폰이 당신의 주의를 끄는 방식과 빈도

  예 | 알림, 문자 등

- ○ 스마트폰을 사용하고 있을 때의 기분과 가지고 있지 않을 때의 기분

여기서 핵심은 스마트폰이 언제, 어떻게 당신의 뇌가 도파민과 코르티솔을 분비하도록 자극하는지 알아차리고, 뇌가 자극받았을 때, 어떤 감정이 느껴지는지 이해하기 시작하는 것이다. 아주 일반적으로 말하자면, 갈망은 도파민에 대한 욕구다. 도파민 그 자체로 흥분을 느끼며, 코르티솔은 불안감을 일으킨다.

이때 몇 가지 주의 사항을 유념하길 바란다.

○ 스마트폰을 사용하고 있든 그렇지 않든 자신이 무언가에 집중한 순간에 주목하자. 에너지가 넘치고 즐거우며, 목적의식을 가지고 능률이 오른 순간에 자신이 무엇을 하고 있었고, 누구와 함께 있었으며, 스마트폰이 연관된 상태인지를 살펴본다.
○ 다른 사람들은 언제, 어떻게 스마트폰을 사용하는지, 그리고 그에 대해 자신이 어떤 감정을 느끼는지에 관심을 기울인다.

마지막으로, 하루 중에 여러분이 스마트폰을 가장 자주 집어 드는 순간들이 언제인지 가려보길 바란다. 그리고 이 습관을 반복하도록 하는 일관된 자극이 무엇인지 파악해보자. 예를 들어, 아침에 눈뜨자마자 스마트폰을 확인하는 이유는 마음이 불안하기 때문이다. 침대 옆 협탁에 스마트폰이 놓여 있기 때문일 수도 있다. 엘리베이터에서 스마트폰을 확인하는 건 함께 탄 다른 사람들이 모두 그러고 있기 때문일 수 있다.

직장에서 스마트폰을 확인하는 건 해야 할 일이 너무 지겹기 때문일지도 모른다. 이런 자극들을 비난하거나 판단하려는 것이 아니다. 그저 그 자극들에 대해 알아가려고 노력하는 것이다. 그래야 그 속에 있는 패턴을 찾아낼 수 있다.

준비운동 삼아 '스마트폰 명상' 연습을 해보자. 『마음 챙김의 기술Mindful Tech』의 저자 데이비드 레비David Levy가 제안한 연습법을 약간 수정해봤다.[3] 먼저, 지금 여러분의 기분이 어떤지에 주목해보자. 호흡은 어떤가? 자세는 어떠한가? 집중도는? 일반적인 감정 상태는? 이제 스마트폰을 꺼내서 잠금을 풀지 않은 채로 손에 쥐고 있어보자. 그리고 호흡과 자세, 집중도, 감정 상태에 어떤 변화가 있는지 확인한다. 다음으로, 잠금을 해제하고 평소 자주 사용하는 앱 중 하나를 실행한다(이메일, 소셜미디어, 뉴스 앱 등). 피드를 스크롤하면서 몇 분 정도 시간을 보낸다. 이메일을 보고 있다면 메시지에 회신한다. 그러고 나서 자신에게 어떤 변화가 있는지 다시 살펴보자. 마지막으로, 스마트폰을 끄고 눈에 보이지 않는 곳에 둔다. 어떤 기분이 드는가? 뭔가 달라졌는가?

내 개인적인 경험상 스마트폰을 사용할 때 처음에는 기분이 좋을 수 있지만, 사용하고 난 후에는 기분이 나아진 적이 거의 없다. 습관적으로 스마트폰을 집어 들려고 할 때, 이 깨달음을 떠올리면 스스로 자제하는 데 도움이 된다.

"스마트폰을 집어 들 때 제가 대체로 약간 불안한 상태라는 걸 알게 되었어요. 5분 전부터 불안했던 게 아니라, 스마트폰을 확인하는 그 순간에 불안해지는 거더라고요. 스마트폰을 집어 든 이유가 무엇이든 간에요. 일단 이메일이나 페이스북에 로그인하고 나면 그제야 마음이 편해져요. 왜 그럴까요?" —제니

신체적 리마인더를 만들어라

스스로 스마트폰에 손을 뻗고 있다는 사실을 인지하는 데 도움이 되도록 스마트폰에 고무줄을 끼워놓거나 스마트폰 뒷면에 테이프나 스티커를 붙여둔다. 이 고무줄, 테이프, 스티커는 '신체적 리마인더'가 되어 여러분이 스마트폰을 보려고 할 때 지금 행동에 주의가 필요하다는 사실을 상기시켜준다. 이런 리마인더를 꾸준히 해둘 필요는 없다. 어느 정도 시간이 지나면, 리마인더 없이도 자동으로 행동 인지가 이뤄질 것이다.

잠금 화면의 배경 이미지를 바꾸는 등의 시각적인 요소를 활용할 수도 있다. '잊지 마!' 혹은 '왜 나를 집어 들었어?'라는 문구를 배경에 적어두어도 좋다.

﹥ **스스로 점검하고 행동하기**

지금까지 며칠 동안 우리는 자신의 스마트폰 사용을 추적해 왔다. 이제 데이터가 모였으니 분석을 진행할 차례다.

1. 설치했던 트래킹 앱의 결과를 살펴보라

트래킹 데이터가 완벽히 정확하지 않을 수도 있지만, 그래도 크게 문제가 되지 않는다. 우리가 추측했던 스마트폰 사용 시간과 실제 사용 시간에 대해 전반적인 차원에서 이해하고자 할 뿐이다. 여러분은 하루에 몇 번 스마트폰을 집어 들었으며, 얼마나 많은 시간을 사용했는가? 여러분이 추측했던 바와 비교해보면 어떤가? 여러분을 깜짝 놀라게 한 부분이 있는가?

> "트래킹 앱에 기록된 데이터를 보고 소름이 끼쳤습니다. 어제는 무려 81번이나 스마트폰을 집어 들었고 2시간이나 붙잡고 있었더라고요."
>
> — 서맨사

2. 인지한 사실에 주목하라

지난 24시간 동안 보통 언제, 왜 스마트폰을 썼는지에 관해 여러분이 인지한 바를 생각해보라. 스마트폰이 어떻게, 얼마나 자주 여러분을 방해했는지 혹은 여러분의 관심을 끌었는지 인지했는가? 방해받은 느낌은 어땠는가?

"항상 방해받아요. 항상. 대체로 그런 방해들은 커피를 마시고 났을 때와 비슷한 느낌입니다. 힘이 솟았다가, 다소 초조해지고, 그러다 어느 순간 사라지죠."

— 조시

스마트폰 사용 전, 사용 중, 그리고 사용 후에 신체적·정서적으로 어떤 느낌이었고, 스마트폰과 분리되었을 때는 어땠는가? 예를 들어, 편안했는지 혹은 긴장했는지, 흥분되었는지 혹은 불안했는지, 아니면 다른 감정이 느껴졌는지를 살펴보라. 스마트폰이 여러분의 도파민과 코르티솔 수치에 미치는 영향에 대해 이해한 바는 무엇인가?

"스마트폰으로 손을 뻗기 전에는 불편감 때문에 약간의 통증을 느낍니다. 뭔가를 원할 때 느껴지는 통증이죠. 마치 식탁 앞에 앉아 있었더니 배가 고프지 않은데도 갑자기 음식 생각이 나는 것과 같습니다. 기대감으로 인해 약간 들뜨기도 합니다. 어릴 적 엄마와 함께 우체국에 가면서 편지가 도착해 있으면 좋겠다고 생각했던 때의 기분처럼 말이죠."

— 제시카

'몰입'의 상태에 빠져 있는 순간에는 어떤 기분인가(몰입은 집중한 순간, 에너지가 넘치며 즐겁고, 목적의식을 가졌으며 능률이 오른 순간을 의미한다)? 당시 여러분은 무엇을 하고 있었는가? 누구와 함께 있었나? 스마트폰이 연관되어 있었는가?

> "단순한 일처럼 들리지만 저는 정원의 잡초를 뽑을 때 온갖 감정을 다 느낍니다. 야외에 있는 걸 좋아하고, 뽑은 잡초 더미가 높게 쌓이는 걸 보면 제가 정말 쓸모 있는 사람, 목적을 가지고 움직이는 사람처럼 느껴져요. 정원을 돌보는 중에는 저처럼 식물에 관심이 많은 지인에게 사진을 찍어 보낼 때만 스마트폰을 씁니다."
>
> — 제니

다른 사람들이 스마트폰을 들여다보고 있는 걸 보면 어떤 기분이 드는가?

> "업무 시간에 스마트폰을 사용해도 괜찮게 되어버린 직장 예절의 변화가 정말 싫습니다. 바쁜 업무와 관련된 연락인 척하지만 딱 봐도 전부 사적인 일을 하고 있거든요."
>
> — 베스

이 모든 걸 종합해봤을 때 어떤 패턴이 보이는가? 여러분을 놀라게 한 패턴이 있는가?

"전 지루할 때(어딘가로 이동하거나 혼자 앉아 있을 때) 대체로 스마트폰을 봅니다. 밤에 홀로 소파에 앉아 있을 때(텔레비전을 보거나 해야 할 일들을 미루면서) 스마트폰을 보기도 하죠. 그 순간에는 별 생각이 없었지만, 지금 돌이켜보면 그 많은 시간을 더 생산적인 일에 쓸 수 있지 않았나 싶어요."

― 베르나르도

3. 첫 번째 과속방지턱을 만들어라

스마트폰에 대한 통제권을 되찾는 효과적인 방법 중 하나는 과속방지턱을 설치하는 것이다. 다시 말해 강제로 속도를 낮춰줄 작은 장애물을 만들면 된다. 이 과속방지턱은 우리의 충동과 행동 사이에 잠깐의 '멈춤'을 제공함으로써 우리가 다른 경로를 택하기로 결심한다면 방향을 바꿀 수 있는 기회를 준다.

스마트폰과의 이별 과정에서 우리는 여러 가지 정신적 · 신체적 과속방지턱을 경험하게 될 것이다. 그 첫 번째는 내가 'WWW'라 부르는 연습으로, **무엇을 위해**What For, **왜 지금**Why Now, **또 다른 것**What Else을 줄인 말이다(WWW를 잠금 화면의 리마인더로 사용해볼 수도 있겠다).

소셜미디어 앱 삭제

앞서 이야기했듯, 소셜미디어는 정크 푸드와 같다. 폭식하면 기분이 나빠지는 걸 알고 있어도 한번 먹기 시작하면 멈추기가 정말 힘들다. 자, 그럼 소셜미디어에 대한 주도권을 잡으러 가보자.

WWW: 무엇을 위해, 왜 지금, 그리고 또 다른 것

스마트폰에 손을 뻗으려는 자신을 발견할 때마다, 잠시 시간을 들여 자신에게 이 질문을 해보라.

| **무엇을 위해?** | 무엇을 하려고 스마트폰을 들었는가(이메일 확인, 아마존 검색, 저녁 식사 주문, 시간 죽이기 등)?

| **왜 지금?** | 나중이 아니라 왜 하필 지금 스마트폰을 들었는가? 이유는 실용적일 수도(사진을 찍고 싶어서), 상황에 의한 것일 수도(엘리베이터 안이라서), 혹은 정서적일 수도 있다(머리를 식히고 싶어서).

| **또 다른 것은?** | 스마트폰을 확인하는 것 말고 지금 당신이 할 수 있는 다른 행동은 무엇인가?

WWW의 세 가지를 모두 확인해보아도 지금 당장 스마트폰을 사용하기를 정말 원한다면, 당연히 사용해도 된다. 여기서 중요한 건 그 특정한 순간에 여러분 자신에게 선택권을 주는 것이다. 그렇게 하면 의식적인 결정을 통한 결과로서 스마트폰에 주의를 기울이도록 할 수 있다. 자신의 목표를 미리 파악해두면 소셜미디어에 사진을 공유하고 싶은 충동으로 인해 아무 생각 없이 소셜미디어 피드를 스크롤하며 30분씩 허비하는 일을 방지할 수 있다.

먼저, 자신이 가장 많이 사용하는 소셜미디어 플랫폼들이 무엇인지 생각해보자. 그리고 소셜미디어에 주 단위로 사용료를 지불해야 한다면 각 플랫폼에 얼마를 낼 의향이 있는지 스스로 질문해보자. 뭐라고 답할지 시간을 들여 진지하게 생각해보라.

일정한 금액을 정했다면 이를 마음속에 잠시 품은 채 최근에 정말 재미있었던 경험이 무엇이었는지 떠올려보자. 예를 들면 친한 친구들과 어울렸을 때나 자신이 좋아하는 일을 했을 때 등이 있겠다. 만약 과거로 돌아가서 여러분이 그 경험의 즐거움을 알면서도 놓치게 하려면 나는 여러분에게 얼마를 지불해야 할까? 내가 무슨 말을 하고 싶은지 이해되는가?

여러분이 여느 사람들과 같다면, 소셜미디어에 내는 돈의 액수는 상당히 적을 것이다. 대부분은 소셜미디어 플랫폼당 매주 1달러에 상회하는 돈을 내겠다고 대답한다. 이와 대조적으로, 자신이 직접 경험한 즐거움에 대해서는 대부분 훨씬, 훨씬 높은 금액을 매긴다.

여기서 얻을 수 있는 한 가지 분명한 결론은 우리가 소셜미디어의 가치를 현실의 즐거움보다 훨씬 낮게 책정하고 있다는 사실이다. 더불어 우리가 소셜미디어보다 현실의 즐거움을 더 우선시해야 한다는 결론에도 도달할 수 있다. 타당한 이야기다. 하지만 일부 사람들에게 소셜미디어는 가족, 친구, 나아가 전 세계와 연결되는 기분을 선사하는 즐거움의 도구다.

이상적으로 본다면야 우리는 소셜미디어를 적당히 사용할 수 있다. 나쁜 면에 빠질 위험을 감수하지 않고, 좋은 면을 즐기면서 말이다. 하지만 현실적으로 그렇게 하기란 쉽지 않고, 스마트폰상에서는 특히 어렵다. 앞서 우리가 발견했듯 소셜미디어 앱은 우리를 끌어당기도록 설계되었기 때문이다.

감사하게도, 여기에 맞서 싸울 수 있는 손쉬운 방법이 하나 있다. **스마트폰에서 모든 소셜미디어 앱을 삭제해버리면 된다.** 진심이다. 지금 당장 삭제하라. 삭제 시도에 당황한 앱은 여러분을 조종하려는 질문('정말로 삭제하시겠습니까? 앱을 삭제하면 해당 데이터도 삭제됩니다!')을 던지며 반응할 것이다. '삭제'

를 선택한 다음, 넌더리를 내며 고개를 저어라. 여러분이 페이스북 앱을 지워도 여러분의 데이터 중 어떤 것도 **실제로는** 삭제되지 않는단 사실은 누구나 다 안다. 클라우드 속에 숨어서 여러분에게 불리한 방향으로 사용되거나 언제든 재설치되기만을 기다리고 있을 뿐이다.

만약 지금 망설이고 있다면 다음의 두 가지를 분명히 인지하고 넘어가자.

1. 이건 되돌릴 수 없는 결정이 아니다

우리가 이 실험의 '화해make-up' 단계에 도달할 때까지 각자의 스마트폰에 소셜미디어 앱을 설치하지 않는 게 가장 이상적이라고 말하고 싶다(화해 단계에서는 소셜미디어와 더 건강한 관계를 형성하는 방법에 관한 조언을 제공할 예정이다). 하지만 난 여러분의 상사가 아니니 결정은 여러분의 몫이다.

2. 원한다면 언제든 소셜미디어를 확인할 수 있다

소셜미디어와 완전히 단절되라는 의미는 아니다. 앱 대신 인터넷 브라우저를 이용해서 확인하길 바란다.

다시 말하지만, 여기서 중요한 건 과속방지턱의 설치다. 소셜미디어 플랫폼의 브라우저 버전은 앱에 비해 기능이 적은 경우가 많고 사용하기도 더 불편하다. 따라서 브라우저 버전을 사용하면 정말 소셜미디어를 확인하고 싶은지 자신에게 물어볼 기회를 많이 얻게 된다.

그럼에도 여전히 소셜미디어를 확인하고 싶다면, 그렇게 해도 좋다. 하지만 체계적으로 확인해야 한다. 우선 자신의 목표를 분명히 하라(무언가를 포스팅하려고 하는가? 특정한 뭔가를 찾고 있는가? 그냥 재미를 위해 스크롤하는 것인가?). 그리고 얼마나 오래 소셜미디어를 하려는지 정하라. 타이머를 설정해둘 수도 있다. 소셜미디어 사용이 끝나면 로그아웃하고 창을 닫아서 다음에 브라우저를 열었을 때 자동으로 열리지 않도록 하라.

짧게 말하자면, 그냥 지금 당장 소셜미디어 앱을 삭제하라. 장담하건대, 그래도 **괜찮다**. 실제로 많은 사람들이 스마트폰 중독에서 벗어나는 데 가장 도움이 된 행동 중 하나가 소셜미디어 앱 삭제라고 내게 말했다.

비밀번호를 잊어버릴까 두렵다면

함께 이별 과정을 시도하는 동안 나는 많은 앱들을 지우도록 제안할 예정이다. 그때마다 여러분 중 대다수는 망설일 것이다. 그 앱이 소중해서라기보다는 나중에 재설치하려는데 비밀번호가 기억나지 않거나 비밀번호를 찾지 못할까 봐 걱정되기 때문이다.

해결책은 인터넷 보안 관계자들이 지난 수년간 우리에게 권했던 바로 그 방법이다. 비밀번호 관리 앱을 설치하는 것. 이름 그대로 모든 비밀번호를 저장하고 관리해주는 앱이다(해킹하기 더 어려운 새 비밀번호를 만들어주기도 한다). 비밀번호 관리 앱에 하나의 마스터 비밀번호만 설정해두면, 어떤 사이트나 앱에 가입할 때 관리 앱이 대신해준다. 이렇게 하면 여러분의 데이터가 해킹당할 가능성이 적어지고, 비밀번호 분실의 우려 없이 앱을 삭제할 수 있는 자유가 주어진다.

여러분을 위한 흥미로운 심리적 트릭이 하나 있다. 연구자들은 새로운 습관을 묘사하기 위해 여러분이 사용하는 단어가 그 습관을 유지할 가능성에 큰 영향을 미친다는 사실을 발견했다. 구체적으로 살펴보면, 뭔가를 '하고' 혹은 '하지 않고'라고 말하는 순간 그 행동이 자신의 정체성 일부로 인식되기 때문에, 뭔가를 '해야 한다' 혹은 '할 수 있다'라고 말하는 것보다 훨씬 효과적이라고 한다(이를테면, '나는 일주일에 5일은 헬스장에 간다'라고 말하는 것이 '나는 일주일에 5일은 헬스장에 **가야 한다**'라고 말할 때보다 이를 실천할 가능성이 높아지는 것이다).[4]

자, 이 트릭을 실험해볼 수 있는 훌륭한 기회가 생겼다. 지금 여러분은 스마트폰에 소셜미디어 앱이 하나도 없는 사람이다. 소셜미디어 앱 중에 하나라도 열거나 재설치하고 싶은 충동을 느낄 때 '나는 그럴 수 없어' 혹은 '나는 그래선 안 돼'라며 저항하지 마라. 대신, 그냥 지금 자신의 현재 상태를 설명하라. '내 스마트폰에는 소셜미디어 앱이 없어'라고 말이다. 이 단순한 변화만으로도 놀라운 차이가 발생할 수 있다.

　마지막으로, 소셜미디어를 하면서 보냈던 시간의 일부를 반드시 여러분이 소중히 여기는 사람과 오프라인으로 만나서 보내는 데 사용하라. 친구에게 전화를 걸자. 커피 한잔하자고 초대하자. 파티를 열자(파티 주최를 위해서는 소셜미디어를 사용해도 좋다). 그 뒤에 기분이 어떤지, 특히 소셜미디어에 시간을 보낸 뒤에 일반적으로 느꼈던 감정과 비교해서 어떤지 생각해보자.

> "인스타그램과 페이스북은 제가 정말 빠져 있는 두 개의 소셜미디어입니다. 저는 스마트폰에선 그 앱들을 삭제하고 사파리를 이용해서만 확인하고 있어요. 이렇게만 해도 엄청나게 달라집니다."
> 　　　　　　　　　　　　　　　　　　　　　　　　—시오반

> "그 앱 중에 몇 개는 제가 진짜 좋아했어요. 그런데 이상하게도 그 앱들이 전혀 그립지 않답니다."
> 　　　　　　　　　　　　　　　　　　　　　　　　—버네사

소외되는 것에 대한 두려움과 소셜미디어

여러분의 스마트폰에서 소셜미디어 앱을 삭제하면 누군가 올린 포스팅을 놓칠 가능성이 크다. 하지만 소셜미디어 사용 시간을 줄이면 뭔가를 **놓칠 수 있으니** 소외된다는 두려움FOMO을 갖는 대신, 소셜미디어에 시간을 쏟았을 때 결국 놓치게 되는 것, 다시 말해 여러분의 인생에 초점을 맞추려고 노력하라. 오직 스마트폰상에서만 일어나는 일들을 놓치는 건 어쩌면 더 좋은 일일 수도 있다(어떤 큰일이 일어난다면, 여러분은 어떻게든 그 일에 대해 듣게 될 것이다).

소셜미디어로 발송된 오프라인 행사의 초청장을 놓칠까 걱정된다면 하루에 한두 번 정도 컴퓨터로 확인하는 시간을 정해두면 된다. 일부 소셜미디어 앱에는 어떤 유형의 이메일 알림을 받을 것인지 개인 맞춤화해주는 기능도 있다. 이렇게 하면 소셜미디어 앱 없이도 초청장을 계속 받아볼 수 있다.

마지막으로, 소셜미디어에 더 적은 시간을 쓰면 다른 유형의 포모를 방지하는 데 도움이 된다. 자신의 인생과 타인의 소셜미디어 피드를 비교하면서 발생하는 질투를 방지할 수 있다는 이야기다. 한 가지 더 알아둘 것은, 대부분 사람들의 피드가 그들이 실제로 스키를 타거나 서핑하거나 모델과 반신욕을 하며 앉아 있는 시간이 그들의 인생에서 얼마나 차지하는지를 정확하게 반영하지 않는다는 사실이다. 그리고 소셜미디어 팔로워를 많이 보유한 이들 중 다수가 자기 삶을 화려하게 보이기 위해 돈을 지불한다. 누군가의 삶이 실제라고 하기에는 너무 좋아 보이는 경우, 돈을 내고 자기 삶을 꾸며냈을 가능성이 있다.

DAY 6 〉 **현실의 삶으로 돌아오기**

스마트폰을 덜 사용하면 그만큼 더 많은 시간이 생긴다. 이렇게 되찾은 시간을 어떻게 사용하고 싶은지 생각해보지 않았다면, 아마 불안할 것이고 어느 정도는 우울할지도 모른다. 그리고 예전의 습관으로 당장 돌아가고 싶은 위기를 맞닥뜨린다.

이것이 바로 오프라인의 삶에서 무엇이 우리를 행복하게 만드는지 다시 되짚어볼 필요가 있는 이유다. 여러분의 대답을 유도할 만한 몇 가지 문구로 시작해보겠다. 다음 문구를 읽고 떠오르는 생각을 빈칸에 적어보길 바란다.

- 내가 항상 좋아했던 것은, ＿＿＿＿＿＿＿＿이다.
- 내가 항상 원했던 것은, ＿＿＿＿＿＿＿＿이다.
- 어릴 적 내가 빠져들었던 것은, ＿＿＿＿＿＿＿이다.
- 시간이 더 있다면 내가 하고 싶은 것은, ＿＿＿＿＿이다.
- 나를 몰입 상태로 만드는 행동들은, ＿＿＿＿＿＿이다.
- 내가 더 많은 시간을 보내고 싶은 사람들은, ＿＿＿＿이다.

"저는 야외의 대자연 속에 있을 때 즐겁습니다. 바다나 호수에서 수영하면 정말 행복해져요. 사랑하는 사람들과 시간을 보내

는 일도 저를 행복하게 합니다."　　　　　　　　　　　　― 다니엘

떠오르는 생각들을 적었다면, 우리의 남은 실험 기간 중 며칠을 특별히 재미있으면서 스마트폰을 사용하지 않는 일들로 채울 수 있도록 리스트를 작성해보자. 예를 들어, 카페에서 낱말게임 하기, 당일치기 여행 떠나기, 하이킹하기 등이 포함될 수 있다. 원데이 클래스 등록하기, 친구들과 모여 밤새 보드게임 하기, 박물관 가기도 좋다. 뭔가를 그리거나 짧은 글을 쓸 수도 있다. 친구와 만나기로 약속하거나, 재미있는 음식을 만들어볼 수도 있다. 여기서 우리의 목표는 미리 재미있는 일들을 계획하거나 생각해둠으로써 자유 시간이 생겼을 때 스마트폰에 손을 뻗을 가능성을 낮추는 것이다.

"제가 정말 바쁘고 스트레스를 받은 어느 날이었어요. 문득 '한가해지면 뭘 하지?'라는 생각이 들었는데, 놀랍게도 아무것도 떠오르지 않더라고요. 미리 계획해두지 않으니 정작 여유가 생겨도 뾰족한 대안이 금세 떠오르지 않아서 결국 스마트폰을 꺼내게 되더군요."　　　　　　　　　　　　― 밸러리

DAY 7 ⟩ 눈과 손 대신 몸을 움직이기

우리 중 대부분은 스마트폰이 등장하기 전에도 이미 몸과 마음의 통합이 잘 이루어지지 않은 상태였다. 그리고 우리 인생에 각종 스크린들이 추가로 등장할 때마다 우리의 상태는 나빠지기만 한다. 따라서 **몸을 움직이면서 즐길 수 있는 어떤 활동**을 통해 자기 신체 감각을 되찾는 시간이 필요하다. 이때, 스스로가 하나의 몸뚱이 위에 뇌가 올라가 있는 존재 이상이라는 사실을 기억하는 게 핵심이다. 여담이지만 혈류량을 증가시키는 운동이 인지 조절을 강화하는 데 도움이 된다는 강력한 근거도 존재한다.[5] 내가 추천하는 신체 활동 몇 가지는 다음과 같다.

- ○ (스마트폰 없이) 산책하라. 움직이면서 자신의 호흡과 신체의 느낌에 집중해보라.
- ○ 요가를 하라.
- ○ 캐치볼을 하라.
- ○ 공원에 가서 진행되고 있는 게임에 참가하라.
- ○ 마사지를 받아라(누군가 당신의 몸을 만져주도록 하여 자기 신체의 감각과 연결을 되찾아라).

- 많이 뛰어다니도록 하는 비디오게임을 하라.
- 운동할 때 보통 음악을 듣는다면 잠시 음악을 멈추고 자신의 신체와 호흡에 귀 기울여보라(지쳐서 몰아쉬는 가쁜 숨소리 때문에 운동 사기가 저하될 때 다시 음악을 켜라).

간단한 연습을 위해, 먼저 책을 내려놓고 숨을 깊이 들이마신 다음 머리 위로 천천히 팔을 뻗어라. 숨을 내쉬면서 동시에 팔을 내려보자. 이때 어떤 기분이 드는지 주목해보라.

> "댄스 수업을 들었는데 단순히 걷고 앉는 것 말고 제 몸이 할 수 있는 일들을 기억해내는 느낌이 정말 인상적이었어요. 더 자주 제 머릿속에서 나오게(제 신체에 빠져들게) 만드는 경험이었습니다."
> — 엘리자베스

사전 알림: 자명종을 구해둘 것

스마트폰과 이별 과정의 다음 단계에서 나는 여러분에게 침실에서 스마트폰을 추방하라고 요구할 예정이다. 그러면 여러분 중 많은 이들이 이를 실천하지 않고 이 단계를 가볍게 뛰어넘으려고 할 것이다. 왜? 스마트폰을 자명종처럼 사용하고 있으니까.

하지만 생각해보라. 만약 스마트폰이 자명종이라면, 아침에 일어났을 때 가장 먼저 만지는 건 분명 여러분의 스마트폰일 것이다. 그러니 잠깐이나마 시간을 들여 앞으로 곧 닥칠 추방에 대비하자. 스마트폰이 아닌, 자명종을 찾거나 혹은 구매하자.

습관을 바꿔라

기술과 노예 제도의 차이점은 노예는 자신이 자유롭지 않다는 걸 온전히 인식하고 있지만 기술은 그렇지 않다는 것이다.[6]

— **나심 니콜라스 탈레브**Nassim Nicholas Taleb

저널리스트 찰스 두히그Charles Duhigg는 저서 『습관의 힘The Power Of Habit』에서 습관에 대해 '어떤 시점에서는 의식적으로 결정하지만, 얼마 후에는 생각조차 하지 않으면서도 거의 매일 반복하는 선택'이라고 정의 내렸다. 두히그가 그려낸 것처럼, 모든 습관은 다음의 세 부분으로 이루어진 하나의 고리다.

1. 신호(혹은 자극) | 뇌가 자동 수행 모드로 들어가도록 하여 어떤 행동

   이 저절로 전개되는 상황이나 감정

2. 반응 | 반복 행동(즉, 습관)

3. 보상 | 뇌가 좋아하여 미래의 습관 고리를 기억하는 데 도움이 되는 것

예를 들어보자. 어느 날 지루함을 느끼던 여러분이 탁자 위에 올려져 있는 스마트폰을 보고(정서적·신체적 신호), 스마트폰에 손을 뻗어(반응) 주의를 끌 만한 뭔가를 발견하고 즐거움을 얻는다(보상). 그러면 여러분의 뇌는 스마트폰을 지루함의 완화와 연관 짓게 된다. 잠깐이라도 한가한 시간이 생기면 저절로 스마트폰에 손을 뻗는 자신을 발견할 때까지는 그리 오랜 시간이 걸리지 않을 것이다.

습관은 우리에게 도움이 될 수 있는 개념이다. 열정이나 업무가 자동화되면 우리 뇌는 다른 생각을 하지 않게 된다. 걷는 걸음마다 집중해야 한다면 집까지 걸어오는 일이 얼마나 피로할지 상상해보라. 하지만 습관은 독이 될 수도 있고, 중독으로 이어질 수도 있다. 이를테면, 식후에 반드시 흡연하도록 학습된 뇌의 경우가 그러하다.

습관이 도움이 되든 독이 되든 혹은 그 중간이든 관계없이, 그것을 깨기란 지독히 어려운 일이다. 설상가상으로, 일단 습관이 중독으로 가는 선을 한번 넘으면 우리가 알아차리지 못하는 아주 미세한 신호에도 자극받을 수 있다. 2008년 《플로스 원PLoS ONE》(퍼블릭 라이브러리 오브 사이언스에서 2006년부터 간행하는 과학 저널—역주)에는 다음과 같은 연구 결과가 발표되기도 했다.[7] 펜실베이니아대학교의 중독연구센터Center for Studies of Addiction에서 코카인 중독 치료 중인 22명의 환자를 뇌 스캔 장치에 눕힌 다음 크랙 코카인을 피우는 파이프와 코카인 덩어리 등 마약과 관련된 이미지를 신호로 보여주었다. 이미지들을 단 0.033초(눈을 한 번 깜빡이는 데 걸리는 시간의 약 10분의 1) 동안 보여주었음에도 불구하고, 실험 대상자의 뇌 속 보상 센터는 그들에게 이미지를 알아볼 수 있을 정도로 길게 약봉지를 보여줬을 때와 같은 수준의 반응을 보였다.

이건 좋지 않다. 그래도 좋은 소식이 있다면, 습관을 완전히 뿌리 뽑을 수는 없어도 바꿀 수 있다는 것이다. 습관의 변화를 시작하는 가장 쉬운 방법은 자기 생활과 환경을 평가함으로써 습관의 유발을 자극하는 일들을 피하는 것이다. 그리고 우리를 자극할 가능성이 있는 특정 상황과 맞닥뜨렸을 때 어떻게 행동할지 미리 마음의 결정을 해둔다. 이것이 바로 우리가 이번 주에 초점을 맞출 부분이다.

"한때는 제 습관을 바꾸거나 멈추는 일이 제 의지만으로 충분히 가능하다고 생각했습니다. 하지만 예전에 중독으로 고생했던 경험을 돌아보면 의지만으로는 부족하더군요." —벤

DAY 8 〉 알림을 거부하는 법

조건반사를 증명했던 러시아 심리학자 이반 파블로프Ivan Pavlov의 유명한 실험을 기억하는가? 파블로프가 개들에게 먹이를 줄 때마다 종을 치자 (도파민 반응으로 인해) 개들은 음식이라는 보상과 종소리를 연관 짓기 시작했다. 결과적으로 파블로프는 개들이 종소리를 들을 때마다 먹이를 기대하며 침을 흘리도록 만들 수 있었다.

이것이 바로 푸시 알림을 활성화했을 때 우리에게 일어나는 일이다. 하루에도 몇 번씩 홈 화면과 잠금 화면에 뜨는 그 알림 말이다. 알림은 신호와 보상을 연관 짓는 우리 뇌의 타고난 능력을 이용하여 우리가 충동적으로 스마트폰을 확인하도록 한다. 알림 소리를 듣거나 알림 팝업을 볼 때마다 우리는 예측할 수 없는 어떤 새로운 일이 기다린다는 걸 알고 있다. 예측할 수 없음과 새로움은 우리가 선천적으로 갈망하는 두 가지 특성이다.

그 결과, 푸시 알림에 대한 저항이 거의 불가능할 뿐 아니라 시간이 지날수록 파블로프의 실험에서 증명된 조건반사적 반응이 형성된다. 스마트폰이 근처에 있기만 하더라도 기대와 불안(그리고 그로 인한 산만함)의 상태로 빠져드는 것이다. 탁자 위에 스마트폰이 존재하기만 해도 우리가 대화 상대와 갖는 친밀도, 연결, 대화의 질에 부정적인 영향을 미쳤으며, 집중력을 요구하는 업무의 수행 성과는 말할 것도 없이 당연히 떨어졌다.[8] 푸시 알림은 심지어 우리에게 환각을 일으키기도 한다.[9] 2017년 미시간대학교에서 진행된 연구에 따르면, 대학생의 80퍼센트 이상이 스마트폰이 울리는 소리가 들리거나 진동이 느껴진다고 착각하는 '유령 진동 증후군phantom vibration syndrome'을 경험한 적이 있다고 한다.

알림은 수익을 창출하기 위해 여러분의 주의력을 앗아가는 매우 효과적인 방법이기도 하다. 마케팅 및 시장조사 플랫폼 로컬리틱스Localytics의 조사 결과에 따르면, 2015년 기준 푸시 알림을 활성화해둔 사용자는 월평균 14.7회 해당 앱을 실행한 반면, 그렇지 않은 사용자는 한 달에 5.4회만 앱을 실행했다.[10] 다시 말해, 푸시 메시지를 받기로 한 사용자들은 그렇지 않은 이들에 비해 평균 세 배 정도 더 앱을 실행한 셈이다.

요약하자면, 스마트폰에서 나오는 모든 소리와 진동은 뇌의 화학 반응을 유발하여 우리가 집중하고 있는 일 혹은 함께 있는 사람으로부터 우리를 끌어내어 스마트폰을 확인하도록 강요한다. 그렇게 스마트폰을 확인하는 일은 일반적으로 타인에게 득이 되는 행동이다. 푸시 알림은 스마트폰을 슬롯머신으로 만드는 기능이며, 우리가 바꾸려고 노력하는 습관의 고리를 오히려 강화한다. 정말 몹쓸 기능이 아닐 수 없다. 반드시 사라져야 한다.

지금 바로 행동하라

푸시 알림 문제를 해결하는 방법은 간단하다. 지금 스마트폰의 알림 설정으로 들어가서 전화 외의 모든 알림을 꺼버려라. 원한다면 메시지와 캘린더 알림도 꺼라.

이 알림들을 영구적으로 꺼둘 필요는 없지만, 그 개수를 최대한 줄여놓고 시작하는 것이 중요하다. 그래야만 나중에 다시 켜려는 알림이 무엇이든 자신이 실제로 받기를 원하는 알림이라는 걸 알 수 있기 때문이다(메시지 앱이 방해되긴 하지만, 현실의 사람들과 실시간으로 소통하는 데 필요한 대표적인 앱이기 때문에 그 알림을 끄지 않고 놔둬도 된다. 캘린더 역시 알림을 켜둬도 좋다. 진료 예약을 놓쳤다고 필자를 비난해선 안 되니 말이다). 새 앱을 설치할 때는 그게 무엇이든 알림을 활성화할 것이냐는 질문이 등장하면 거절 버튼을 눌러라.

MEMO & TIP

○ 어떤 사람들은 알림이 켜져 있을 때보다 꺼져 있을 때 특정 앱을 더 자주 확인하게 된다고 한다. 여러분이 여기에 해당한다면, 그 앱의 알림은 다시 활성화해도 좋다. 하지만 재활성화하기 전에 하루나 이틀

정도는 기다려보기를 권한다. 확인하고자 하는 욕망이 커진 건 금단 증상일 수 있어서 어느 정도 시간이 지나면 사라질지도 모른다.

○ 알림은 소리나 메시지의 형태로만 전달되지 않는다. 업데이트 관련 알림, 새 메시지에 대한 알림이 빨간 작은 점이나 배지, 숫자 형태로 표시되기도 한다. 이것도 모두 꺼버려라.

○ '알림을 모두 꺼라'라는 건 이메일 알림도 비활성화하라는 의미다. 신규 메시지 도착을 알리는 빨간 작은 점과 알림음도 포함이다. 내가 지독한 이메일 중독자이기 때문에 여러분에게 확실히 말할 수 있다. 여러분은 알림 없이도 이메일 확인을 절대 잊지 않을 것이다(이메일 알림을 비활성화하는 가장 쉬운 방법은 '데이터 업데이트' 설정을 끄는 것이다. 이렇게 하면 백그라운드에서 메일을 확인하는 작업을 멈출 수 있다).

이메일에 관한 이야기가 나와서 말인데, 잠시 시간을 내어 소셜미디어 계정의 이메일 알림 설정을 변경해보자. 초대 등 여러분이 중요하게 생각하는 것에 관련한 이메일 알림만 받도록 말이다(지난 1주 차에 우리는 소셜미디어 앱을 지웠기 때문에, 이를 위해서는 컴퓨터를 켜고 웹 브라우저상에서 진행해야 한다). 소셜미디어에 실제로 로그인하려고 마음먹어야 모든 업데이트 사항을 볼 수 있을 것이다. 이메일 알림 비활성화는 단순히 이메일을 확인하려고 스마트폰을 봤다가 소셜미디어의 소용돌이 속으로 빨려 들어가는 위험을 방지하기 위한 행동이다.

"스마트폰을 무음으로 해놓고 알림도 최소화하는 일이 제게는 진정한 즐거움이었습니다. 제가 사는 현재에 집중할 수 있는 엄청난 변화를 가져다주었죠."

— 크리스털

전문적인 이메일 팁: VIP의 힘

이메일 알림을 끄라는 의견에 동의하지 않을 수 있다. 왜나하면 특정 인물들(상사 등)의 이메일은 놓치고 싶지 않기 때문이다. 이 경우 VIP 리스트를 작성한 다음, 리스트에 속한 사람들의 이메일 알림만 받기로 설정하면 간단히 해결된다.

각성 파트에서 이야기한 것처럼, 스마트폰의 개인화 옵션 중 대부분은 우리가 기기에 사용하는 시간을 늘리기 위해 고안된 것이다. 자, 이제 우리의 관심사에 맞추어 스마트폰을 제대로 개인화해보자. 스마트폰에 어떤 앱을 두고 싶은지 결정하는 것부터 시작한다.

먼저, 여러분의 스마트폰에 설치된 앱들을 **나의 집중력을 훔칠**(나를 끌어당길) 가능성과 **나의 일상을 개선할**(내 인생을 논리적으로 더 쉽게 돕거나, 내게 기쁨 혹은 만족감을 가져다줄) 가능성이라는 두 가지 기준에 따라 분류한다. 대부분은 다음의 여섯 개 카테고리 중 하나에 속할 것이다.

1. 도구 앱

예 | 지도, 사진, 카메라, 비밀번호 관리, 승차 공유, 온도 조절, 보안 시스템, 은행, 날씨, 음악, 그리고 '진짜' 전화 기능

이 앱들은 집중력을 빼앗지 않고 삶을 개선해주는 앱이다. 여러분이 블랙홀에 빠져들 위험은 없으면서 할 일을 완수하는 데 구체적인 도움을 준다. 이메일, 게임, 쇼핑, 소셜미디어는 모두 여러분을 블랙홀 빠뜨릴 가능성이 있으니 홈 화면에

두지 말아야 한다. 뉴스 앱 역시 홈 화면에는 두지 않기를 추천한다. 인터넷 브라우저는 각자의 판단에 맡기겠다.

여러분이 선택한 도구 카테고리의 앱들이 한 페이지에 들어갈 수 있는 개수를 넘는다면, **얼마나 자주 그 앱들을 사용하길 원하는지**에 따라 우선순위를 정하라. 우선순위에서 밀린 나머지 앱은 하나의 폴더에 담아서 같은 페이지에 배치하라. 진심으로 앱을 열고 싶은 유혹을 최소화하고 싶다면, 모든 앱을 폴더에 담아서 무슨 앱인지 바로 알아채기 어렵게 만들어라. 그리고 기억하라. 우리의 스마트폰 홈 화면은 꽉 채워져 있을 필요가 없다!

앱을 정리하는 법

앱을 이동하려면 앱 아이콘을 조금 길게 누른 다음 새로운 위치로 드래그하면 된다(다른 페이지로 이동하려면 스크린 화면 가장자리로 드래그한다).

폴더를 생성하려면 앱 아이콘 하나를 선택한 다음 다른 앱 아이콘 위로 드래그해서 놓으면 폴더가 생성된다. 폴더의 이름도 설정할 수 있다.

2. 정크 푸드 앱

예 | **소셜미디어, 뉴스, 쇼핑, 인터넷 브라우저, 메시지, 부동산, 게임, 이메일**

이 앱들은 무척 재미있거나 유용하지만 일단 시작하고 나면 멈추기 어려운 것들이다. 때때로 삶을 나아지게 하지만, 여러분을 강하게 끌어당길 만큼 위협적이기도 하다.

여기서 핵심은 그 앱이 여러분의 인생을 개선하기보다 집중력을 빼앗아갈 가능성이 큰지 아니면 그 반대인지를 결정하는 일이다. 만약 앱의 위험이 혜택보다 크다면 그 앱은 삭제하라(망설여진다면, 언제든 재설치할 수 있다는 사실을 기억하라). 앱의 즐거움이 그 위험보다 크다면 그 앱을 스마트폰의 두 번째 페이지로 옮기고 폴더 안에 숨기되, 폴더 이름은 폴더를 열기 전에 다시 한번 상기될 만한 것으로 정하다. 대부분은 이메일을 정크 푸드 앱으로 분류했다.

"데이팅 앱은 '웨에에에액' 이라는 이름의 폴더에 넣었습니다."

— 다니엘

마음을 정하지 못하겠다면?

소셜미디어 앱과 데이팅 앱 등은 정크 푸드 앱과 슬롯머신 앱(다음으로 살펴볼 카테고리) 사이에 걸쳐 있을 수 있다. 둘 중 어느 카테고리에 속할지 애매하다면 일단 그 앱을 지우고 며칠 지내본 다음 어떤 기분이 드는지 확인해보라.

3. 슬롯머신 앱

예 | **소셜미디어, 데이팅, 쇼핑, 게임**

스마트폰에 있는 모든 앱은 도파민 자극제인데, 그중에서도 슬롯머신 앱이 최악이다. 이 앱들은 여러분의 삶을 개선하지 않는 **동시에** 집중력도 빼앗아간다. 다음은 특정 앱이 슬롯머신 혹은 정크 푸드 카테고리에 속하는지 알려주는 신호다.

- **앱을 열 때 기대한다.**
- **앱 사용을 멈추기 어렵다.**
- **사용하고 난 뒤 실망하거나, 불만족스럽거나, 자기 자신을 싫어하게 된다.**

다시 한번 말하지만, 슬롯머신 앱은 정말 최악이다. 삭제해 버려라.

게임 앱에 대처하는 방법

게임 앱이 문제라면 게임을 사랑한 누군가가 내게 제안했던 이 전략을 여러분도 시도해보길 바란다. 먼저, 게임 앱을 전부 삭제하라. 그중 하나를 플레이하고 싶어지면 그때 재설치하고, 플레이를 끝내면 다시 삭제하라. 필요한 만큼 이 과정을 반복하라.

MEMO 이 대처법은 데이팅 앱에도 사용할 수 있다. 우선 앱을 지웠다가, 데이트 상대를 고르기 위해 화면을 옆으로 넘기고 싶다는 생각이 들 때 앱을 재설치하라.

"게임 앱이 여전히 스마트폰에 남아 있으면 게임의 노예가 되기가 너무 쉽죠. 대부분 게임에는 끝이 없고, 점점 더 어려워지는 새로운 레벨만 있을 뿐입니다. 한순간 즐기고 그냥 흘러가도록 두는 게 낫죠."

— 더스틴

4. 잡동사니 앱

예 | **2019년에 설치하고 그 뒤로는 쳐다본 적도 없는 QR 코드 리더**

잡동사니 앱은 절대 실행하지 않을 앱들을 가리킨다. 실행하지 않으니 여러분의 주의력을 빼앗을 일도 없고, 여러분의 삶을 개선할 일도 없다.

여러분이 인생을 살면서 쓸모 없는 대상을 어떻게 대하는지가 이 앱들에 대한 여러분의 태도에 반영되어 있을 수 있다. 어떤 사람들은 이런 앱들과의 무관함을 쉽게 인지하고 삭제해버릴 것이다. 또 다른 사람들은 자신의 스마트폰 홈 화면 세 번째 페이지에 폴더를 하나 만들어 이 앱들을 숨긴 다음 그 존재를 무시하며 산다. 마치 입지 않는 옷이 넘쳐나는 옷장을 못 본 체하고 사는 것처럼 말이다. 어떤 방법을 택할지는 여러분의 결정에 맡기겠다.

WEEK 2

5. 유틸리티 앱

예 | 내 폰 찾기 앱, 내 세탁기와 원격 연결되어 문제가 발생하면 경고음으로 알려주는 앱

실용적인 목적에는 부합하지만, 온전히 '도구'라는 자격을 얻기에는 부족한 일상적인 앱들이다. 유틸리티 앱들은 세 번째 페이지의 어느 한 폴더 안에 담아두자.

"이상하게도 앱 스토어를 제 홈 화면에서 옮겼더니 정말 좋더라고요. 업데이트되어야 하는 앱들을 늘 봐야 하는 게 싫었거든요. 절대 끝나지 않는 일의 목록 같은 기분이었어요." ─펠리샤

6. 지울 수 없는 앱

애초에 스마트폰에서 지울 수 없게 설정된 앱들이 있다(누군가 내게 이 앱들에 대해 묻는다면 '완전 이기적인 속임수'라고 말할 것이다). 이 앱들을 관리하는 방법은 간단하다. 세 번째 페이지의 한 폴더에 숨겨두고 원하는 폴더 이름을 부여하면 된다.

앱 정리 팁 1 | 폴더

홈 화면은 예외가 될 수 있지만, 나머지 페이지의 앱들은 모두 폴더에 넣기를 바란다. 화면이 거의 비게 되더라도 말이다. 폴더를 사용하는 이유는 단순히 앱의 체계적 정리를 위해서만은 아니다(물론, 정리 강박이 있는 이들에게는 속 시원한 일이겠지만). 폴더를 사용하는 목표는 여러분 자신으로부터 스스로를 보호하는 것이다. 앱을 폴더에 넣으면 아이콘이 작아져서 화면 페이지를 넘기더라도 어떤 앱이 어느 페이지에 있는지 바로 알아차릴 수 없다.

단순히 앱 아이콘을 봤기 때문에 앱을 여는(다시 말해, **반응하는**) 게 아니라, 그 앱을 열기를 정말 **바란다**는 마음이 들어야 한다. 이렇게 폴더로 앱을 정리해두면 어떤 앱이든 실행하기 위해서는 앱 이름을 타이핑하여 검색하는 습관을 기를 수 있다. 그러면 페이지를 넘기고 앱들을 훑어보다가 눈에 들어오는 다른 앱을 열고 싶은 유혹에서 멀어질 수 있다(이 방법을 강력 추천하는 이유다). 스마트폰을 집어 들 때마다 이 앱을 연 뒤에 아무 생각 없이 다른 앱으로 넘어가는 자신만의 '앱 무한 반복의 고리'에 빠지는 일도 방지할 수 있다.

앱 정리 팁 2 | 그레이스케일

앱을 정리하고 폴더에 넣었는데도 여전히 스마트폰의 유혹이 너무 크다면, 스마트폰 디스플레이 설정을 컬러에서 그레이스케일(흑백)로 변경해보자. 흑백의 스마트폰 화면은 생각보다 훨씬 매력이 없어 보일 것이다.

스마트폰 사용의 지혜

앱이 너무 많아서 어떻게 정리해야 할지 도저히 모르겠다면, 스마트폰 설정을 열어서 배터리 페이지로 가라. 최근에 여러분이 열어본 모든 앱의 목록과 함께 각 앱에 몇 퍼센트의 배터리를 사용했는지도 확인할 수 있다. 평소 가장 많이 사용하는 앱이 무엇인지 알 수 있으니 앱 정리의 좋은 출발점이 될 것이다.

앱 정리 팁 3 | 메뉴 바

대부분 사람들은 메뉴 바를 건드릴 생각을 절대 하지 못한다. 스크린 하단에 있어서 바꿀 수 없는 것처럼 보이기도 한다. 하지만 메뉴 바 역시 개개인에 맞추어 변경할 수 있다. 그러면, 지금부터 메뉴 바를 한번 바꿔보자.

메뉴 바에서 이메일을 아직 빼지 않았다면 당장 추방해버리자. 어느 폴더 안으로 넣어버리면 더 좋겠다. 메시지 앱이나 인터넷 브라우저 등 메뉴 바에 집중력을 앗아가는 앱이 또 있다면, 그 앱들 역시 이동시켜라. 대신에 전화 혹은 비밀번호 관리 앱 같은 도구 앱을 골라서 메뉴 바를 채우면 필요할 때 간편하게 찾아서 실행할 수 있다. 원한다면, 메뉴 바를 그냥 텅 빈 상태로 둘 수도 있다.

새롭게 정리된 당신의 스마트폰

개인 맞춤화의 과정 막바지에 다다랐을 때, 여러분의 스마트폰은 컨테이너 스토어(미국의 수납·정리 용품 전문 유통업체—역주)의 카탈로그처럼 잘 정돈된 모습이어야 한다. 깔끔하게 정리된 스마트폰을 보면서 여러분의 기분도 나아지길 바란다.

○ **메뉴 바** | 선택한 몇 개의 앱

○ **홈 화면** | 도구 앱

○ **두 번째 페이지** | 엄선된 정크 푸드 앱, 이메일

○ **세 번째 페이지** | 유틸리티 앱, 지울 수 없는 앱, 잡동사니 앱(이왕 이렇게 된 거, 이것들도 전부 삭제해버리자!)

○ **삭제한 앱** | 슬롯머신 앱, 원래의 목적을 다했거나게 즐거움을 주기보다는 당신을 산만하게 하는 모든 정크 푸드 앱

"스마트폰을 정리해서 덜 산만해 보이도록 하니 평화가 찾아왔습니다. 보기에도 좋고 집중력이 흐트러지지 않는다는 면에서도 좋아요. 제게 '필요한' 앱만 있으니까 스마트폰을 덜 열어보게 되고 아무 생각 없이 스크롤할 일도 적어졌습니다." —마이클

DAY 10 〉 충전 장소 바꾸기

유혹의 요소들을 최소화하도록 스마트폰을 재정비했으니, 이제 스마트폰 외부 환경도 정리할 때다. 많은 사람에게 가장 큰 문제가 되는 장소인 침실부터 시작해보자.

우리 중 대다수는 아침에 일어나자마자 가장 먼저 하는 일이 자연스레 스마트폰을 확인하는 일이라는 사실, 그리고 잠들기 직전에 침대에서 스마트폰을 보는 사실에 불평을 토로한다. 흠, **당연히** 우리는 그러고 있다. 팔만 살짝 뻗으면 닿는 위치에 스마트폰을 두고 잠에 드니 그럴 수밖에 없다.

이 습관을 깨는 가장 쉬운 방법은 침대에 누워 있을 때 스마트폰에 손이 닿기 힘들게 만드는 것이다. 또, 그렇게 할 수 있는 가장 쉬운 방법은 스마트폰을 비롯한 인터넷 사용이 가능한 각종 모바일 기기들의 충전 장소를 침실이 아닌 다른 곳으로 옮기는 것이다. 적어도 침대 바로 옆은 아니어야 한다(아직도 자명종 시계를 마련해놓지 않았다면, 지금 당장 확보하라!).

그렇다고 아침에 일어나서 혹은 밤에 자기 전에 여러분의 스마트폰이나 인터넷 기기들을 쓸 수 **없다**는 의미는 아니다. 스마트폰 화면에 눈이 부셔 미간을 한껏 찡그린 채로 새벽 2시에 멀티탭 옆에 서 있는 자신을 발견한다고 해서 실패했는 의미도 아니다. 여기서 핵심은 아침에 일어났을 때, 밤에 잠들기 전에 스마트폰을 확인하는 일을 자동적인 습관이 아닌 의도적인 선택으로 바꾸는 것이다.

그러니 지금 바로 새로운 충전 장소를 골라라. 집에 도착하자마자(이미 집에 있다면 지금 바로) 침실에서 충전기를 빼서 새로운 충전 장소로 옮겨라. 그리고 다른 여분의 충전기들도 침실에서 모두 빼내서 다른 방으로 옮겨라(원룸이나 기숙사에 살고 있다면 서랍 속에 숨겨라). 이제 여러분은 잠자는 방에서 스마트폰을 충전하지 않는 사람이 되었다.

○ 최상의 결과를 얻으려면 가족 모두가 동참하라.

이때 모두의 스마트폰을 같은 장소에 충전한다. 그러면 누가 규칙을 어기고 있는지 쉽게 알 수 있다. 아이들·룸메이트·배우자·부모님이 동참하게 만드는 한 가지 방법은 빈 유리병을 가져와 '스마트폰 은행'이라고 써 붙이고, 규칙을 어긴 사람은 은행에 벌금을 내기로 약속하는 것이다. 동시에, 모두의 동의를 얻어 스마트폰을 사용하지 않고 함께 할 수 있는 즐거운 일 목록을 작성하라. 함께 저녁 외식하는 일 등을 예로 들 수 있겠다. 스마트폰 은행이 가득 차면 계획했던 즐거운 일 중 하나를 하는 데 그 돈을 사용하라.

○ 저항에 부딪히면 반대 의견을 보이는 상대에게 스마트폰 사용량을 줄이려고 노력 중이라고 말하라.

스마트폰 대신 반대하는 그 상대를 비롯해 여러분이 중요하게 여기는 사람들과 더 연결되고자 한다고 말이다.

○ 의식적으로 스마트폰을 확인해야겠다고 결심하기 전까지는 결코 스마트폰을 쳐다보지 않는 것이 가장 이상적이다.

완벽한 세상에서나 가능할 법한 이야기라는 것은 나도 안다. 이를 아주 간단하게 실천하는 방법이 있다. 여러분이 책상 앞에 앉아 있는(혹은 수업을 듣는) 동안 스마트폰을 충전한 다음 가방이나 겉옷 주머니에 밤새 넣어두면, 이튿날 집을 나서기 전까지는 스마트폰과 마주하지 않을 수 있다.

○ 스마트폰이 다른 방에 있어서 중요한 전화를 놓칠까 걱정된다면, 벨소리가 울리도록 설정하라(알림을 꺼두었는지 확인하라. 그렇지 않으면 알림 소리가 끊임없이 울릴 테니까).

궁극적으로는 여러분의 스마트폰을 일반 전화처럼 만드는 방법으로, 스마트폰이 여러분 옆에 묶여 있지 않고 여러분의 집·아파트·방을 자유롭게 돌아다닐 수 있게 하는 셈이다.

자, 이제 대답해보자. 오늘 밤 여러분의 스마트폰은 어디서 자게 될 것인가?

"저는 지난 몇 년간 제 방에서 스마트폰을 없애기를 간절히 원했습니다. 그 일을 마침내 해내자. 수면의 질이 놀라울 정도로 향상되었습니다. 오가는 커뮤니케이션(대부분 문자 메시지와 이메일)에서 제가 강제로 잠시 물러서게 되기 때문에, 대화로 인해 지나치게 불안감이 드는 일도 없어졌습니다. 당장 대답할 필요가 없어진 거죠."

—더스틴

DAY 11 › 성공을 위한 본격적인 준비

여러분이 스마트폰에 자동으로 손을 뻗게 하는 자극 중 일부를 제거했으니, **새로운** 자극을 추가할 차례다. 우리가 하고 싶다고 말하는 일들을 도와주는, 혹은 우리가 즐기는 일들을 할 수 있도록 하는 자극이다. 다시 말해, 우리는 부정적인 목표(스마트폰을 적게 사용하는 것)를 긍정적인 목표로 전환하고 그 목적에 따라 살아갈 수 있도록 스스로를 변화시킬 것이다. 우리는 더 행복하고 건강한 습관을 만들기 위해 노력하는 중이다.

예를 들어, 운전하면서 문자 메시지를 보내고 싶은 충동을 이기려고 노력하는 중이라면 차에 타고 있을 때 스마트폰을 손에 닿지 않는 곳에 두는 것(자극을 피하는 것)이 첫 번째 단계가 될 수 있다. 다음 단계는 긍정적인 대안을 세우는 일이다. 도로 위로 나서기 **전에** 좋아하는 라디오 프로그램이나 듣고 싶은 팟캐스트를 골라두었다가 '재생'을 누르는 방법이 있다. 운전 중 문자 메시지 보내기에 반대하던 한 여성은 '노래 불러!'라고 쓴 포스트잇을 대시보드에 붙여놓기도 했다. 그 밖의 다른 아이디어들은 다음과 같다.

○ 매일 아침 일어나서 명상하려고 노력 중이라면, 얼마나 오래 명상할지, 명상의 초점은 무엇에 맞출지 미리 결정해두자. 그리고 명상할 장소를 정해서, 그 공간을 최대한 차분하고 방해 요소가 없도록 만들어라.

○ 책을 더 많이 읽고 싶다면, 관심 있는 책이나 잡지를 골라서 침대 옆 협탁이나 가방, 주머니에 놓아둔다.

○ 음악 연주를 더 많이 하고 싶다면, 악기를 케이스에서 꺼내서 눈에 잘 띄는 곳에 두어라.

○ 침실에 스마트폰을 가지고 들어가고 싶은 유혹을 덜 받고 싶거나 잠 들기 전 스스로 긴장을 완화하고 싶다면, 침실을 스마트폰이 없는 차 분한 공간으로 만들어라. 좋은 침대 시트를 장만하라. 마음을 편안하 게 해주는 그림을 걸어라. 라벤더 향을 활용하라.

○ 잠시 시간을 들여 여러분이 하고 싶은 일들을 할 수 있으려면 주변 환 경에 어떤 변화가 필요한지 생각해보라. 그리고 그 변화가 실제로 일 어나도록 하라.

"밤에 침실 의자 위에 운동복을 걸어두면 다음 날 아이들이 현 관을 나서자마자 러닝이나 산책을 하러 나가게 되더라고요."

— 크리스틴

나를 위한 진정한 보상을 찾아라

스마트폰과의 이별이 이만큼 진행되었으니 습관 뒤에 숨은 보상에 대해 여러분이 어느 정도 인지했길 바란다. 그렇다면 스마트폰에 손을 뻗고 난 후 자신의 뇌가 무엇을 바라는지 파악한 것이기 때문이다(예: 타인과의 연결, 새로운 정보, 머리를 식히는 일, 지루함의 완화, 탈출, 당장 진행 중인 일로부터의 휴식 등).

자신이 바라는 보상을 제대로 파악했는지 확신이 서지 않는다면 스스로에게 한 가지 실험을 시행해보라. 예를 들어, 머리를 식히기 위해 스마트폰에 손을 뻗는다면 다른 방법으로 휴식을 취하려고 노력해본다. 커피를 마실 수도 있고, 친구나 동료와 이야기를 나눌 수도 있다. 이때 스마트폰을 보고 싶은 욕구가 사라졌다면, 자신이 어떤 보상을 바라는지 성공적으로 알아차린 것이다. 더불어 보상을 제공할 대안도 찾아냈고 말이다. 만약 욕구가 사라지지 않았다면, 다른 가설을 시험해보라. 바라는 보상을 확인하고 나면 스마트폰을 손에 쥐지 않고서도 같은 성과를 낼 수 있는 다른 일들을 생각할 수 있을 것이다.

DAY 12 〉 차단 앱 고르고 설치하기

우리는 스마트폰과의 관계를 '모 아니면 도'라는 식으로 생각하는 경향이 있다. 하나의 앱에 접근권을 부여하면 우리를 유혹하는 다른 앱들에도 모두 접근하게 될까 걱정한다. 하지만 반드시 그렇지는 않다. 간단한 해결책이 있다. 차단 앱[*]을 다운로드하면 된다. 여러분을 끌어당길 법한 사이트나 앱에 대한 접근을 차단해주는 앱으로, 그 외 스마트폰의 기능이나 앱은 계속 사용할 수 있다.

차단 앱 사용의 첫 번째는 여러 앱으로부터 자신을 보호하기 위해 또 다른 앱을 쓴다는 모순을 인지(그리고 극복)하는 단계다. 두 번째는 차단 앱을 사용하여 문제가 되는 사이트와 앱의 '차단 리스트'를 만들고 특정 카테고리와 맥락으로 정리하는 일이다. 내 리스트의 카테고리를 예로 들어보자면 '뉴스', '업무 집중', '광란의 밤', '주말 아침'이 있다.

언제든 방해받고 싶지 않을 때(혹은 유혹에 넘어갈 걱정 없이

---

[*] 현재 내가 가장 선호하는 차단 앱은 '앱블록Appblock' (iOS·안드로이드)이다.

iOS 안드로이드

스마트폰으로 뭔가를 하고 싶을 때), 활성화하고 싶은 차단 목록과 시간을 설정한 다음 세션을 시작하라. 몇몇 차단 앱은 미리 차단 세션 일정을 정할 수 있어 여러분의 습관을 바꾸는 데 도움이 된다(자기 전에 소셜미디어 확인을 그만하고 싶다면 해당 시간대의 소셜미디어 접근 권한을 차단하면 된다). 또한 일부 차단 앱에는 보너스 기능도 포함되어 있는데, **여러 기기에 걸쳐** 사이트와 앱을 차단하는 것이다. 스마트폰에서 어떤 앱을 차단하면 연동된 컴퓨터에서도 그 앱이 차단된다.

차단 앱은 직장이나 학교에서 소셜미디어 앱을 사용할 필요가 있을 때 특히 유용하다. 어떤 앱에 문제가 있다는 건 알지만(예를 들면 웹 브라우저 버전이 없는 데이팅 앱), 스마트폰을 멀리 두는 걸 견딜 수 없는 경우에도 좋다. 이 앱들을 **반드시** 사용해야 한다면, 차단 앱으로 하루 중 정해진 시간 동안에만 그 앱들에 접근할 수 있도록 미리 설정할 수도 있다. 나의 경우에는 차단 앱을 사용하여 지나치게 뉴스를 많이 보지 않도록 하고 있다. 내 스마트폰으로는 해당 사이트나 앱에 접근할 수 없다는 걸 알고 있기 때문에, 뉴스를 보려는 욕구를 예전만큼 강하게 느끼지 않는다(그럼에도 예전에 비해 뉴스를 잘 알지 못한다는 느낌을 받지 않는 걸 보면 신기한 일이다).

공간적 · 시간적 경계 정하기

자, 앞서 스스로에게 디지털 경계를 만들어두었으니 이번에
는 물리적 경계를 만들 차례다.

스마트폰 금지 구역 정하기

'스마트폰 금지 구역'은 말 그대로 스마트폰을 사용할 수
없는 공간을 의미한다. 정확히 그 의미다. 스마트폰 금지 구
역에 있을 때만은 스마트폰 사용에 대한 의사결정을 할 필요
가 없으므로, 이를 설정하는 건 굉장히 훌륭한 방법이다. 스
마트폰 금지 구역은 갈등을 줄이는 데도 도움이 된다. 만약
저녁 식사 시간에 스마트폰이 허용되지 않는 걸 모두가 알고
있다면 매일 저녁 스마트폰 사용에 대해 언쟁을 벌이지 않게
될 것이다.

각자의 스마트폰 금지 구역을 몇 군데 설정해보자. 가능하
다면, 여러분의 가족이나 룸메이트와도 함께 정해보자. 저녁
식사 시간과 침실부터 시작하기를 추천한다. 식사 시간에 스
마트폰을 금지하면 사람들을 화합시킬 수 있고, 침실에서 스
마트폰을 금지하면 수면의 질을 높일 수 있다. 스마트폰 금지

구역의 효력은 당장 오늘 밤부터 발효되어야 하며, 이 구역들은 앞으로 남은 실험 기간 동안 무조건 유지되어야 한다.

"저희 집 식탁에선 스마트폰 금지입니다! 남편도 동참하도록 노력할 거예요. 제가 스마트폰 사용을 줄이기로 마음먹은 건 제 남편이 스마트폰을 너무 많이 보기 때문이기도 하거든요." —에린

스마트폰에 기상 시간 부여하기

시간 기준으로 스마트폰을 금지할 수도 있다. 이를테면 저녁 6시 이후로는 이메일을 확인하지 않는 식이다. 하지만 오늘은 토요일이니 아침에 초점을 맞춰보자. 내가 추천하는 방법은 다음과 같다.

- 내일 아침 스마트폰이 일어날 기상 시간을 정하라. 여러분이 일어나고 최소 1시간이 지난 뒤여야 한다.
- 스마트폰이 수면 상태일 때 할 만한 재미있는 일 혹은 활기를 회복할 수 있는 일을 선택하라. 독서, 반려동물과 놀기, 맛있는 아침 식사 만들기 등이 있다.

스마트폰의 기상 시간을 설정하는 방법은 크게 두 가지다. 하나는 스마트폰을 비행기 모드로 두고(혹은 전원을 끄고) 스마

트폰의 기상 시간 전까지 여러분의 눈에 띄지 않을 장소에서 충전시키는 방법이다. 다른 하나는 새로운 차단 앱을 사용하여 스마트폰의 기상 시간을 설정하는 것이다. 이 방법은 스마트폰의 일부 기능만 사용하길 원할 때 유용하다. 예를 들면 누군가와 아침 식사를 함께 만들 예정이라 전화나 문자 메시지를 놓치고 싶지 않거나, 산책하러 나가서 사진을 찍고 싶은 경우다. 문제가 될 만한 앱과 사이트를 모아서 하나의 차단 리스트를 만든 다음, 그것에 걸맞는 멋진 이름('주말 휴식' 같은)을 붙이고 차단 해제 세션을 시작하라. 만약 여러분의 차단 앱으로 같은 세션이 반복되도록 설정할 수 있다면, 온전히 자신을 위한 주말 아침을 되찾을 환상적인 방법이 될 것이다.

> "아침에 일어나자마자 스마트폰을 사용하지 않으면, 그날 하루
> 는 제 스마트폰과 더 좋은 관계를 갖게 되는 경우가 많단 걸 깨
> 달았습니다."
> ─ 조안

퍼빙 그만두기

퍼빙은 **폰**과 **스너빙**을 합친 말로, 스마트폰을 사용하느라 함께 있는 사람을 소홀히 대하는 행위를 뜻한다. 식사하는 동안 탁자 위에 스마트폰이 올려져 있다면? 퍼빙이다. 대화 도중에 스마트폰을 확인한다면? 역시 퍼빙이다. 파티에 참석해서 문자 메시지를 주고받는 건? 이 또한 퍼빙이다. 이런 행동들이 너무도 흔해진 나머지 우리는 퍼빙을 하고 있다는 사실조차 인지하지 못할 때가 많다. 하지만 이것이 현실이다.

지금까지 이별 과정을 진행하면서 해온 조치들 덕분에 여러분은 이미 퍼빙을 많이 줄이기 시작했을 가능성이 크다. 하지만 공식적으로 선언하자. 지금부터 우리의 실험이 끝날 때까지 퍼빙하지 않으려고 최선을 다하자. 바로 오늘부터 시작이다. 식사할 때 탁자에 스마트폰을 올려두지 말자(이미 식탁을 스마트폰 금지 구역으로 정해두었다면 게임에서 앞서고 있는 셈이다).

> "스마트폰을 확인하는 행동은 코를 후비는 것과 같습니다. 잘못된 일은 아니지만, 누구도 다른 사람이 그렇게 하는 걸 보고 있을 이유가 없죠."
>
> ― 알렉스

경험에 기반한 퍼빙 규칙

스마트폰은 여러분의 상호작용에 더해져야 하는 대상이지 빼야 하는 대상이 아니다.

○ **스마트폰을 꺼내도 좋은 경우**

상대방이 상호작용에 스마트폰을 더하는 걸 동의했을 때

예 | 휴가 가서 찍은 사진을 친구에게 보여줄 때

○ **스마트폰을 꺼내면 좋지 않은 경우**

참여해야 하는 상호작용으로부터 스스로 거리를 두기 위해 스마트폰을 사용할 때

예 | 대화에 지루함을 느끼고 다른 사람과 문자 메시지 주고받을 때

다른 사람의 스마트폰은 어떻게 할까?

퍼빙을 다루기가 까다로운 이유 중 하나는 스스로 퍼빙을 줄일수록 자신이 퍼빙을 당할 때 더 잘 알아차리게 된다는 것이다. 친구나 동료와 식사할 때가 특히 어려운데, 여러분이 스마트폰을 멀리하려고 해도 다른 이들이 스마트폰을 식탁 위에 올려둘 가능성이 크기 때문이다. 집에 손님이 올 때는 현관문 옆에 바구니를 하나 놓고 거기에 스마트폰을 넣은 뒤

들어와달라고 이야기해보자. 처음에는 여러분을 완전히 이상한 사람이라고 생각할 테지만, 떠날 때쯤이면 그들 역시 이 새로운 방식을 고려하게 될지도 모른다.

밖에서 식사를 할 때는 여러분의 스마트폰을 확인하기 전에 함께 식사하는 상대에게 허락을 구하는 방법이 유용하다. '제가 전화를 받아도 될까요?'라는 식으로 말이다. 그러면 상대는 마치 여러분이 숨을 쉬어도 되는지 허락을 구하기라도 한 것마냥 혼란스러운 표정을 지을 가능성이 크다. 이때가 바로 여러분이 왜 상대의 허락을 구했는지, 왜 퍼빙을 하지 않으려고 노력하는 중인지 설명할 기회다. 이 주제는 흥미로운 대화의 물꼬를 터줄뿐더러, 식사 도중 상대가 자신의 스마트폰을 꺼내고 싶은 충동을 느낄 때 스스로 자각하게 되는 계기를 제공한다.

처음에는 꽤 강요당하고 조종당하는 듯한 기분이 들 수 있다(초기에는 강요하고 조종할 것이기 때문이다). 하지만 일단 여러분의 스마트폰을 식탁에 올려놓지 않는 습관이 들고 나면, 상대에게 무례를 범하고 싶지 않다는 진실한 바람에서 스마트폰 사용의 허락을 구하게 될 것이다.

만약 친한 친구와 있다면 이 상황을 재미있는 하나의 의식으로 바꿔볼 수도 있다. 예를 들어 대화하는 도중에 확인하고 싶은 뭔가가 등장하면, 나와 내 친구들은 이렇게 이야기한다.

"스마트폰 사용 허가되나요?"

"네, 허락합니다."

누구도 퍼빙당하는 기분을 느끼지 않는 동시에 대화에 참여한 모두가 같은 마음이 되도록 하는 손쉬운 방법이다.

> "친구들과 저녁을 먹으러 나갔는데 모두 스마트폰을 쳐다보고
> 있다면? 친구들이 각자의 스마트폰에 몰두한 모습을 찍어서
> '네가 그리워!'라는 문구와 함께 전송하세요."   — 네이트

WEEK 2

당신이 부모, 상사, 혹은 선생님이라면

만약 여러분이 책임자라면 다른 사람의 스마트폰을 다루는 것이 조금 더 쉬워진다. 우리는 이미 퍼빙을 줄이는 방안으로서 저녁 식사 자리를 스마트폰 금지 구역으로 정했다. 여러분의 지위에 따라서는 회의나 수업 중의 스마트폰 사용도 금지할 수 있다.

여러분의 자녀 · 동료 · 학생들이 완전히 스마트폰을 끊는 건 불가능하다고 생각한다면, 식사나 회의, 수업 도중에 1분의 '테크 휴식'을 제안해서 그들이 스마트폰을 확인하게 할 수도 있다. 이건 심리학자 래리 로젠이 제안한 방법으로, 그는 스마트폰으로 인해 우리가 어떻게 ADHD(주의력 결핍 및 과잉 행동 장애)나 OCD(강박 장애)와 같은 심리적 장애 증상을 보

WEEK 2 습관을 바꿔라   **181**

이는지에 관한 책『아이디스오더iDisorder』를 집필한 바 있다.

규칙을 정하는 데 있어 가장 까다로운 부분은 **여러분도** 규칙을 따라야 한다는 점이다. 아이들에게 저녁 식사 시간에 스마트폰을 확인하지 말라고 말하면서 정작 자기 스마트폰은 곁에 두고 있는 얼간이는 되지 마라.

만약 여러분의 부모님이 여러분을 퍼빙한다면

부모님의 관심을 끌어라! 스마트폰 중독을 **가장 인정하지 못하는** 집단은 바로 부모님들이다. 그리고 부모님들은 지금 여러분의 행동이 훗날 여러분을 망쳐버릴 수 있다는 죄책감에 특히 취약한 집단이기도 하다. 여러분의 반대 의사를 직접적으로 밝힐 수도 있고('제가 있을 땐 퍼빙 좀 하지 마세요'), 더 공격적인 방식을 취할 수도 있다('저와 함께 있을 때 부모님이 스마트폰에 쓰는 순간들이 나중에 제가 심리 상담에 들이는 시간으로 되돌아올 거란 사실을 아셨으면 좋겠네요').

다른 사람과 함께 있을 때 전화와 문자 메시지에 어떻게 대응해야 할까?

첫 번째 단계, **응답하지 않는 걸** 고려해보라(그렇다고 얼마나 큰일이 나겠는가? 우리는 모두 자신의 중요성에 대해 다소 부풀려서 생각하는 경향이 있다). 누군가와 함께 있을 때 다른 사람의 전화를 받거나 메신저 대화에 참여하기로 결심했다면, 자기 집에 있더라도 그 공간에서는 나가야 한다. 그래야 덜 무례할 뿐 아니라 그렇게 하는 것이 귀찮아서 아예 결심을 철회할 수도 수 있다. 이렇게 하면 앞으로 식사 중에 전화를 받거나 탁자 아래로 문자 메시지를 주고받을 가능성이 적어질 것이다.

비상 상황에는 어떻게 연락이 닿을 수 있을까?

여러분의 바로 앞 탁자에 스마트폰을 놓지 않아서 긴급한 연락을 놓칠까 봐 걱정된다면, 특정 연락처들로부터 오는 전화는 수신할 수 있게 방해 금지 설정을 조정할 수 있다. 연락처 그룹 생성하기(왜 그런지는 모르겠지만 컴퓨터로 해야 하는 경우가 많다)에 시간을 들이거나 연락처를 선택해서 '즐겨찾기' 목록에 넣으면 된다. 그리고 여러분의 스마트폰을 방해 금지 상태로 설정한 다음, 통화 허용 설정에 특정 그룹이나 '즐겨찾기'를 추가한다.

대부분의 방해 금지 기능에는 동일한 사람에게서 3분 안에 재차 전화가 오면 방해 금지 기능보다 우선하는 옵션이 포함되어 있다는 사실도 기억하자. 그는 여러분과 연락이 닿기를 간절히 바라고 있을 수 있기 때문이다.

당신의 원래 뇌를
되찾아라

한 장의 정보 조각에 우리의 집중력 유지 능력은 심각하게 위협받았
다. 그 정보 조각이 업무 프로젝트이건, 숙제이건, 혹은 단순히 텔레비
전 프로그램을 보는 것이건 관계없이 말이다. 우리는 그 주범이 현대
기술이라고 믿는다.[11]

— 애덤 가잘리·래리 로젠, 『산만한 마음』

앞서 우리는 하루에 몇 시간을 스마트폰에 사용하는지가 우
리의 주의 지속 시간, 기억력, 창의성, 스트레스 수준, 일반적
인 인생 경험에 부정적인 영향을 미친다는 이야기를 나눈 바
있다. 이제 이 부정적 영향 중 일부를 없애보자.

3주 차에 진행할 훈련의 다수는 마음 챙김으로부터 영감을
받았다. 여러분도 알다시피 우리는 언제, 왜 스마트폰을 사용
하는지 그리고 스마트폰 사용이 어떤 기분을 들게 하는지 인

지해봄으로써 이미 마음 챙김을 연습했다. 거기서 한 발짝 더 나아가 정식으로 마음 챙김을 실천해봄으로써 우리의 뇌를 다시 훈련하고 주의 지속 시간을 강화해본다.

DAY 15) 멈추고, 숨 쉬고, 현실을 느끼기

멈추어 숨 쉬고 현실을 느끼는 연습은 펜실베이니아대학교의 마음 챙김 프로그램을 이끄는 마이클 바임Michael Baime에게 배운 방법이다. 이 방법을 사용하면 여러분이 스마트폰에 손을 뻗기 전에 잠시 멈추거나, 평소에 불안하거나 흔들릴 때마다 자신을 가라앉힐 수 있다.

'멈추어 숨 쉬고 현실을 느끼기' 훈련은 문자 그대로 진행하면 된다. 하던 일을 멈추고, 천천히 숨을 깊이 들이마시며, 그 순간에 자신이 경험하는 일의 세세한 부분에 귀를 기울인다. 신체에서 느껴지는 감각부터 내면의 생각과 가정을 살펴보고, 주변 환경을 유심히 살펴보는 일까지 이 훈련을 할 수 있는 방법은 여러 가지다.

멈추어 숨 쉬고 현실을 느끼는 훈련의 핵심은 충동과 행동 사이에 과속방지턱을 만들어 관심을 돌릴 수 있는 시간을 가짐으로써 자신이 진짜 향하려는 방향을 결정하는 것이다. 스마트폰에 자동으로 손을 뻗지 않기 위해 이 훈련을 활용한다면, 4일 차에서 소개했던 WWW(무엇을 위해? 왜 지금? 또 다른 건?)와 함께 사용해보라.

오늘 하루 동안 멈추고 숨 쉬고 현실을 느끼는 일을 최소

두 번은 해보길 바란다. 그리고 지금 당장 그 첫 번째를 시작하자.

> "제 몸은 늘 긴장 상태이고, 특히 가슴 쪽이 늘 답답합니다. 지금 이 순간을 느끼도록, 숨을 쉬도록 저 자신을 허락하는 것도 좋다고 생각해요."
> ― 에밀리

> "제가 기르는 난초에서 꽃이 피었더군요. 지금까지 전혀 눈치채지 못하고 있었어요."
> ― 다라

멈춤 연습

오늘 우리는 간단하면서도 어려운 뭔가를 연습해볼 예정이
다. 바로, 가만히 있는 일이다. 우리는 '가만히 있기'를 지루
함의 동의어로 생각하는 경향이 있고, 실제로도 특정한 상태
의 마음을 설명하기 위해 두 단어를 혼용해서 쓰곤 한다. 하
지만 **지루함**은 갇힌 듯한 느낌이고, 가만히 있기는 고요하게
평온함을 느낄 기회를 제공해준다. 페마 쵸드론은 저서『모
든 것이 산산이 무너질 때When Things Fall Apart』에서 이렇게 이야
기했다.

"말하기, 행동하기, 생각하기로 우리가 자신을 즉각적으로
즐겁게 한다면, 다시 말해 한순간도 멈출 때가 없다면, 우리
는 결코 쉴 수 없을 것이다. 우리 인생을 살아가며 항상 가속
만 하게 될 것이다."[12]

고요는 우리 마음이 창의적일 수 있도록, 새로운 아이디어
가 떠오르도록 하는 데 필요한 공간을 제공한다. 의도적으로
가만히 있는 시간을 가지는 실험을 해보자.

먼저, 잠깐의 시간(10초에서 10분 사이)을 때우기 위해 주기
적으로 스마트폰을 찾게 되는 여러 상황을 찾아보자. 엘리베
이터를 탈 때, 길을 건너기 위해 신호가 바뀌길 기다릴 때, 택

시를 타고 있을 때, 화장실을 사용할 때, 점심 먹을 때 등을 예로 들 수 있다.

다음으로, 발견한 상황들 중 두어 가지를 선택하라. 오늘 당장 겪을 것이라고 예상되는 상황이면 더 좋겠다. 그리고 그 상황이 되었을 때, 고요하게 가만히 있는 일에 전념해보라. 내일이 되면, 또 몇 가지 상황을 골라서 똑같이 해보라. 지금부터 우리가 함께하는 시간이 끝날 때까지 매일 주기적으로 짧은 고요의 순간을 가지도록 노력해보라.

가만히 있는 방법에는 여러 가지가 있다. 천장을 노려볼 수도 있고, 주변 사람들을 관찰하거나 먹고 있는 음식의 맛을 음미할 수도 있다. 창밖의 하늘을 바라볼 수도 있다. 무엇을 하든 중요하지 않다. 주의를 끌 뭔가를 찾아 나서지 않기만 하면 된다.

처음에는 신체적으로도 감정적으로도 불안하고, 움찔거리고 싶은 느낌이 들 것이다. 마치 평소에 열려 있던 문이 잠긴 것을 깨닫고 여러분의 뇌가 당황해서 문을 쾅쾅 두드리고 있는 형국이다. 하지만 몇 분, 심지어 몇 초만 지나면 여러분의 뇌는 스스로 지쳐버린다. 방문을 두드리는 걸 멈추고 보니 자신이 이미 방 안에 들어와 있는 걸 깨닫기 시작한다. 누가 알겠는가? 지금 들어와 있는 그 방이 마음에 들지.

"인내심이 없는 제가 집으로 가는 전철에서 아홉 정거장을 지나는 내내 무조건 스마트폰만 보고 있다는 사실을 깨닫고는 스마트폰을 가방에 넣고 그냥 앉아서 아무것도 하지 않기로 했습니다. 정말로 마음이 편안해지면서 하루의 끝에 긴장을 푸는 데 많은 도움이 되더군요. 업무 전화와 이메일에 시달리다가 집으로 가는 내내, 또 집에 가서도 스마트폰으로 전화와 이메일을 확인하지 않으니 계속 일하고 있는 듯한 기분이 더 이상 들지 않았습니다."

― 재닌

주의 집중 시간을 위한 훈련법

의도적으로 가만히 있는 훈련을 시작했으니, 다음은 우리의 주의력 근육을 다시 강화하고 방해 요인을 무시하는 능력을 회복하는 작업을 할 차례다. 사실 다른 기술들과 별반 다를 바 없다. 유지하기 위해 연습할수록 주의력은 더 나아지게 마련이다.

여러분의 일상에 주의력 생성 연습을 포함시키는 몇 가지 방법을 실험해보려고 한다. 우선, 하루 중에서 연습에 할애할 일정 시간을 선정해보자. 예를 들어 직장이나 학교로 걸어가는 시간 동안 뭔가에 적극적으로 집중하고자 노력할 수 있다. 업무적으로 혹은 개인적으로 진행 중인 프로젝트나 문제에 관해 생각해볼 수도 있다. 또는 머릿속에서 두 자릿수 숫자들을 곱하는 등의 연습을 통해 암산 기술을 강화해보는 것도 좋다(시도해보지도 않고 거부하지 말자). 이 실험의 목적은 **집중하기**를 통해 우리가 집중하는 역량을 키워나가는 것이다.

다른 일상 훈련도 있다. '음악 목욕'이라는 훈련에서는 여러분이 좋아하는 음악을 하나 골라 편안한 상태에서 눈을 감고 최대한 귀 기울여 들음으로써 그 음악 속에 사용된 악기를 하나씩 맞춰본다. 일기를 쓰거나, 요가 수업을 듣거나, 친구,

친척, 혹은 은사님에게 편지를 써서 보내봐도 좋다.

아니면 보다 단도직입적인 일을 해볼 수도 있다. 스마트폰의 전원을 끄고 책이나 그 밖의 인쇄물을 읽는다. 책 속에 푹 빠지는 일은 마음을 편안하게 하고 활기를 북돋우는 경험일 뿐만 아니라, 주의 집중 시간을 강화하고 창의적이고 깊은 사고를 도모하는 데 효과적인 정신 훈련이다. 상징으로부터 의미를 추출하는 일은 뇌가 그 상징에 집중하는 동시에 주변의 다른 것들은 무시해야 가능하기 때문이다. 주기적인 독서는 거듭하면 할수록 논리적 사고와 시각적 신호 처리, 심지어 기억력을 관장하는 뇌의 영역에 실제적인 변화를 가져온다.[13]

다시 말해, 독서 학습은 우리가 정보를 저장하고 다시 불러오는 능력을 갖추게 할뿐더러, 우리가 사고하는 방식에 실제로 변화를 준다. 독서를 통해 창의력, 문제 해결 능력, 통찰력을 자극함으로써 신경 회로를 재정비할 수 있다. 주의력을 유지하는 능력 또한 향상된다. 실제로 많은 학자들이 문자 언어의 발전이 문화 발달을 향한 필수적인 단계라고 믿는다. 매리언 울프Maryanne Wolf는 저서 『책 읽는 뇌Proust and the Squid』에서 "새로운 생각은 읽기 위해 스스로 재정비하는 법을 이미 배운 적이 있는 뇌에서 더 쉽게 떠오른다"라고 말했다.[14] 우리가 함께할 남은 시간 동안, 여러분의 하루 루틴에 주의력 생성 연습을 최소한 한 번이라도 포함해주길 바란다.

"차 안에 앉아서 가게가 문을 열길 기다리며 NPR 라디오 방송국에서 흘러나오는 이야기를 주의 깊게 듣습니다. 아무것도 하지 않고 이야기를 듣고 있으면 기분이 굉장히 좋아진답니다."

— 제니

한 가지를 대하는 태도가
모든 것을 대하는 태도다

내가 가장 좋아하는 훈련법 중 하나는 한 번에 오직 한 가지 일만 하는 것이다. 빨래를 개거나 양파를 자르는 등 집안일 하나를 골라보자. 그리고 그 일에 여러분의 모든 집중력을 쏟아라. 소소한 일을 대하는 태도를 바꾸면 인생다른 측면들에 대한 접근법에도 변화가 생긴다는 사실에 놀랄지도 모르겠다. '한 가지를 대하는 태도가 모든 것을 대하는 태도다'라는 말도 있지 않은가. 다음에 양치할 때, 이 말을 떠올려보자.

〉 **명상도 도움이 된다**

앞서 이야기했듯이, 주의를 기울인다는 건 무엇에 집중할지 선택하는 것에 그치지 않는다. 다른 나머지는 모두 무시한다는 의미도 포함된다. 후자를 위해서는 상당한 노력이 필요한데, 우리 뇌는 집중을 방해하는 것에 끌리는 경향이 있기 때문이다. 신경과학자 애덤 가잘리는 '무시는 능동적인 프로세스'라고 말한다.[15] 무시하기는 우리의 전전두엽이 하향식 통제를 시행하도록 하며, 뇌 특정 부분의 활동을 억제함으로써 집중하는 대상이 두드러지도록 한다. 무시하기를 잘할수록 집중하기도 잘할 수 있다. 실제로 방해 요인들을 무시하는 능력이 작업 기억과 장기 기억에 긍정적이라는 연구 결과도 있다.[16]

오늘 우리는 마음 챙김 명상이라 알려진, 주의력 생성 훈련을 정식으로 실험해보고자 한다. 이 훈련은 불안감을 낮추고, 인지 조절 능력을 향상하며, 몰입 상태에 더 쉽게 빠지게 한다고 증명된 불교적 명상을 대중적 형태로 변형한 것이다.[17] 마음 챙김 명상을 위해 여러분은 현재의 경험에서 집중할 대상을 골라야 한다. 자신의 호흡이나 신체 감각일 수도 있고, 외부의 소리일 수도 있다. 심지어 생각의 오고 감을 선택할 수도 있다. 스스로에 대한 비판이나 무언가를 변화시키려는 시도 없이, 정해진 시간 동안 자신이 선택한 한 가지에 집중을 유지하려고 노력해보자.

매사추세츠대학교 의과대학에 속한 마음 챙김 센터의 설립자인 존 카밧진Jon Kabat-Zinn은 이를 '무위의 상태state of non-doing'라 부른다. 쉬워 보이지만, 장담하건대 절대 그렇지 않다. 스마트폰에 의해 주의 지속 시간이 줄어들지 않은 사람들조차 일정 시간 동안 딴생각을 전혀 하지 않고 집중력을 유지하는 건 거의 불가능하다고 할 것이다. 그건 완전히 정상적일뿐 아니라, 우리 마음이 설계된 그대로의 모습이다. 나의 명상 스승님 중 한 분은 이런 말씀을 즐겨 하셨다.

"그대가 마음을 갖고 있으므로, 마음이 방황하는 것이다."

비결은 여러분의 마음이 방황할 때 그에 맞서 싸우지 않는 것이다. 싸우는 대신 자신의 집중력이 슬슬 멀어지기 시작하는 걸 눈치챘을 때, 스스로를 질책하지 않고 집중력을 다시 끌고 와야 한다. 여러분이 이를 얼마나 빨리 알아차리느냐에 따라 이 훈련을 여러 차례 반복해야 할 수도 있다. 어쩌면 수 초마다 한 번씩 거듭하게 될 수도 있는데, 이건 전혀 잘못된 일이 아니다. 자신의 마음이 방황했다는 걸 눈치챘다는 사실 자체가 여러분이 제대로 하고 있다는 걸 의미한다.

요즘 스마트폰을 많이 사용하고 있다면 이런 종류의 훈련이 특히 어렵게 느껴질 것이다. 하지만 더 어렵다고 느낄수록 더 중요하다. 그리고 훈련을 착실하게 해나갈수록, 더 잘하게 될 것이다. 오늘은 간단한 마음 챙김 명상 세션으로 실험을 진행해보려 한다. 진행 방법에는 두 가지 옵션이 있다. 하나는 스마트폰을 사용하지 않는 옵션이고, 다른 하나는 사용하는 옵션이다.

스마트폰을 사용하지 않는 옵션을 택했다면, 타이머를 맞춘 다음 눈을 감은 채 5분간 자신의 호흡에 온전히 집중해보라. 당연히 그럴 테지만, 여러분의 마음이 방황하면 집중력을 자신의 호흡에 맞추어보자. 방황할 때마다 계속해서 호흡에 집중한다(이 방법에 염주를 활용할 수도 있다. 염주 구슬 하나를 넘길 때마다 두 번에서 세 번씩 호흡하는 것이다).

한숨이 절로 나오지만, 여러분은 스마트폰이나 다른 인터넷 가능 기기를 사용하는 방법을 선택할 수도 있다. 차단 앱 실험에서 확인했다시피, 이번에도 여러분의 스마트폰은 굉장히 유용한 도구가 된다. 온라인상에는 수많은 명상법이 존재하며, 명상 앱*들도 널려 있다. 게다가 대부분 무료다.

---

* 개인적으로 가장 좋아하는 초보자용 명상 앱은 '헤드스페이스Headspace'(iOS·안드로이드)와 '캄Calm'(iOS·안드로이드)이다.

헤드스페이스

캄

명상 앱 사용 전이나 도중, 혹은 후에 스마트폰에 빠져들까 걱정된다면 명상할 때 다른 앱을 사용할 수 없도록 차단 앱을 활용하면 된다. 새로 구성한 홈 화면의 아주 좋은 위치에 명상 앱을 배치해서 스마트폰 사용의 유혹을 줄이거나 명상 연습에 집중할 가능성을 높일 수도 있다.

위 두 가지 옵션 중 하나를 선택해서 5분에서 10분 사이의 명상을 시도해보라. 그리고 명상 경험이 마음에 든다면 여러분의 하루 루틴 안에 짧은 명상 세션을 넣어 실험해보길 바란다. 꾸준히 해나간다면 이별 과정의 남은 2주 동안 명상을 이어나가는 성과를 이룰 수 있을 것이다.

"이제 저는 주기적으로 명상을 훈련하기 시작했습니다. 제 주의 지속 시간이 천천히, 하지만 꾸준히 늘어나는 걸 보고 정말 놀랐어요. 그리고 제가 부족하다는 느낌, 아무것도 이룬 게 없다는 느낌이 사라지는 것도 경험했습니다."
— 버네사

책을 통해 명상을 시작하고 싶다면 존 카밧진의 『마음 챙김 명상과 자기치유Full Catastrophe Living』으로 읽어보길 바란다. 실용적이면서도 기술에 중점을 둔 책으로는 데이비드 레비의 『마음 챙김의 기술』과 낸시 콜리어Nancy Colier의 『끄기의 힘The Power of Off』을 추천한다.

시범 분리를 위한 준비

좋은 뉴스가 있다! 여러분은 스마트폰과 헤어지는 과정 중 '이별' 단계를 거의 끝냈다. 마지막 단계인 스마트폰과의 '화해'로 넘어가기 전에 한 가지만 더 수행하면 된다. 바로, 24시간의 '시범 분리'다. 이미 여러분의 달력에 시범 분리 일정을 체크해두었을 텐데, 이제 그 일정을 실행에 옮길 때다. 스마트폰을 내려놓자. 오늘 우리의 목표는 준비 태세를 갖추는 것이다. 시범 분리를 최대한 쉽고 보람 있도록 하려면 어떻게 해야 하는지 지금부터 소개하겠다.

무엇으로부터 '잠시' 멀어진 상태인지 이해하라

스마트폰으로부터 잠시 멀어지는 일에 대해서만 특정해서 이야기해왔지만, 태블릿, 스마트워치, 노트북, 데스크톱 등 화면이 있으면서 인터넷이 가능한 모든 기기를 사용하지 말기를 강력히 권고한다. 알렉사처럼 음성 명령으로 활성화되는 기기 사용은 여러분의 선택에 맡기겠다. 텔레비전과 영화관 스크린도 여러분의 판단에 따라볼 수 있겠지만, 개인적으로는 어떤 스크린이든 피하기를 권한다. 이 실험은 극단적이어야만 한다.

여러분이 무엇을 하고 있는지 사람들에게 말하라

여러분의 부모님, 친구, 룸메이트, 상사, 그리고 앞으로 24시간 동안 여러분에게 연락하려고 할 만한 모든 이들에게 알려라(시범 분리를 위한 준비일 뿐 아니라 여러분으로 하여금 책임감을 느끼게 하기 위함이다).

다른 이들과 함께 하라

이상적으로는 집 안에 있는 모든 사람이 24시간 분리에 참여해야 한다. 시범 분리를 함께할 친구를 모집해보는 것도 즐거운 경험이 될 수 있다.

계획을 세워라

주로 스마트폰에 쓰던 시간을 어떤 재미있는 일로(혹은 어떤 사람들과 함께) 보낼지 계획해보라(6일 차에 여러분이 작성했던 문구들에서 아이디어를 얻을 수 있을 것이다).

필요한 정보는 종이에 인쇄하여 사용하라

새로운 곳에 운전해서 갈 예정이라면 가는 길을 미리 인쇄해두거나 노트에 적어두어라(그렇다. 앞으로 24시간 동안은 스마트폰 없이 길을 찾아야 한다). 기억하라. 길을 모를 때는 언제나 물어볼 수 있다.

노트나 메모지를 준비하라

노트나 메모지에 시범 분리가 종료되면 하고 싶은 일 혹은 찾고 싶은 대상을 정리한 '스마트폰으로 할 일' 목록을 만들어라(다시 스마트폰을 찾게 될 때면 목록에 적은 항목들이 더 이상 중요하게 느껴지지 않을지도 모른다).

자동 응답을 설정하라

필요하다고 생각된다면 자동 응답 안내 메시지에 여러분이 무엇을 하고 있는지 설명을 남겨라.

실체가 있는 연락처를 작성하라

일반 전화기가 있다면 전화를 걸고 싶은 사람들의 전화번호를 확보해서 적어두자. 일반 전화기로 전화를 거는 데에는 제한이 없다. 일반 전화기로 하는 통화는 실체가 있는 사람들과 주고받는 실제 연락을 의미한다.

착신 전환 기능을 활용하라

일반 전화기 이야기가 나왔으니 말인데, 여러분의 스마트폰으로 걸려오는 모든 전화를 일반 전화기로 착신 전환해둘 수 있다. 착신 전환 방법은 통신사마다 다르므로 미리 인터넷으로 방법을 검색해둔다(일반 전화기에 관한 세부 사항, 특히 일반 전화기가 없을 때는 어떻게 해야 할지는 27일 차의 내용을 참고하라).

부재중 응답을 설정하라

이메일에 회신할 수 없다는 사실에 스트레스를 받는다면 메일 자동 응답 기능을 활용하여 여러분이 지금 스마트폰 및 스크린과의 시범 분리 중임을 설명하라.

문자 메시지 자동 응답을 설정하라

문자 메시지를 놓칠까 걱정될 때 역시 자동 응답을 설정하면 된다. 누군가가 여러분에게 메시지를 보낼 때마다 자동으로 응답 메시지가 발송되는 기능으로, 수신인이 지금 메시지를 확인할 수 없다는 내용이 담겨 있다(여러분에게 연락할 수 있는 다른 방법을 알려주는 옵션도 가능하다). 나는 문자 메시지 자동 응답 기능에 약간 집착하는 편인데, 이 기능 덕분에 스마트폰으로부터 잠시 떨어져 있는 일이 훨씬 수월하기 때문이다. 이 기능을 사용할 때마다 자동 메시지를 받은 친구들로부터 이를 어떻게 설정하는지 묻는 메시지를 받곤 한다.

주말이 왔다. 이틀 중 언제든 24시간을 정해서 시범 분리를 시도하면 된다. 여러분이 모든 준비를 마쳤길 바란다. 시작의 순간이 오면 망설임 없이 스마트폰을 꺼버려라. 다른 기기들 로부터도 멀어져라. 스마트폰은 보이지 않는 곳에 숨겨라. 비행기 모드로 전환하는 게 아니라 완전히 전원을 꺼라.

변화를 기념하기 위해 간단한 의식을 가져도 좋다. 나는 금요일 밤 저녁 식사 때 스마트폰과의 이별을 시작하는 걸 좋아한다. 우리 가족과 나는 식탁에 초를 켜고, 손을 맞잡고, 식사를 시작하기 전 천천히 세 번 심호흡한다. 이 의식을 통해 우리는 지금과는 다른 마음을 갖추고 나머지 주말을 기분 좋게 보낼 수 있는 상태가 된다.*

---

* 시범 분리를 중도에 포기하게 될까 봐 우려된다면 이를 확실하게 도와주는 도구들도 시중에 나와 있다. 타이머박스가 대표적인데, 원하는 만큼 시간을 설정한 뒤 물건을 넣고 잠그면 목표 시간을 채울 때까지 절대 열리지 않는 보관함이다. 국내에는 '몰입의 방' 등이 출시되어 있다.

예상되는 위기 상황

여러분 중 일부는 걱정했던 것보다 시범 분리가 덜 어렵다고 생각할 수도 있다. 스마트폰이 얼마나 어렵고 불편한지에 놀라기도 할 것이다. 스마트폰은 여러 실용적인 기능을 가지고 있지만, 우리의 감정에 집중하지 못하게 만들기도 한다.

짜증이 나거나 안절부절못하거나 존재에 대한 불만이 쓰나미처럼 밀려오더라도 놀라지 마라. 여러분이 해독되고 있다는 증거다. 이럴 때는 불편감을 받아들여보자. 그다지 유쾌하지는 않지만 좋은 연습이 될 것이다. 스마트폰을 하지 않아서 얻게 된 시간에 앞서 생각해둔 활동 중 하나를 해볼 수도 있다(이때 나는 내가 좋아하는 일들을 기억하거나 떠올리는 일이 얼마나 어려운지를 깨닫고 상당히 놀랐다. 아마 여러분 중 많은 이들도 나와 같은 감정을 느낄 것이라 확신한다).

주목할 부분이 한 가지 더 있다. 여러분이 하고 싶다던 일들에 충분한 집중력을 유지하는 것이 어려울지도 모른다. 그저 잡지를 읽는 일에 불과할지라도 말이다. 이 경우 앞서 함께 연습했던 집중력 생성 훈련 중 하나를 통해 영감을 얻어라.

"굉장히 어려울 것이라고 생각하면서도 저 자신에게 '그래, 한 번 해보자'라고 말했습니다. 그리고 스마트폰의 전원을 껐고, 뒤돌아보지 않았습니다."
— 뎁

스마트폰이 없을 때 자기 자신과 할 일

시범 분리 동안, 여러분은 새롭게 되찾은 자유 시간을 활용해서 원하는 건 무엇이든 할 수 있다. 그 자유 시간이 엄청나게 많을 것이므로, 몇 가지 할 일을 제안해본다.

비상 상황에서는 어떻게 해야 할까?

비상 상황에서는 당연히 스마트폰을 써야 한다! 바닥에 고인 자신의 피 웅덩이에 누워, 바로 옆 충전기에 꽂혀 있는 스마트폰을 쓰지 않고 연기를 피워 신호를 보내 구급차를 부르려고 하지 마라.

만약 비상 상황이 생길까 봐 스마트폰 없이 집을 나서는 게 불안하다면, **여러분 주변의 모든 사람은 스마트폰이 있다**는 사실을 기억하라.

뜻밖의 재미를 위한 공간을 마련하라

주머니 안에 인터넷을 넣어두고 다니면 뜻밖의 재미를 느낄 시간이 없다. 대신, 여러 웹사이트상에서 수백 개의 리뷰를 교차 분석해야만 찾을 수 있는, 정확한 답만 존재할 뿐이다. 그 리뷰들이 여러분과 전혀 공통점이 없는 타인에 의해 작성된 것이라 해도 관계없다. 그들이 인터넷상에 있다는 사실만으로도 그들의 제안에 여러분 주변의 실제 인물들이 하는 제안보다 더 큰 가중치가 부여된다. 『점심메뉴 고르기도 어려운 사람들The Paradox of Choice』를 쓴 심리학자 배리 슈워츠 Barry Schwartz 는 이런 형태의 검색을 '극대화maximizing'라고 부른다.[18] 이런 검색은 힘든 작업일뿐더러, 여러 방법을 찾다가 마침내 답을 발견하는* 굉장한 기분을 느끼지 못하게 만든다.

시범 분리는 뜻밖의 재미가 여러분의 인생에 다시 들어올 수 있도록 하는 완벽한 기회다. 새로운 동네에 가서 산책해보라. 항상 궁금했던 식당에 방문해보라. 지역 신문의 행사 목록을 보고 새로운 뭔가를 찾아 나서라. 무엇을 하건 스마트폰을 노려보는 것보다는 더 기억에 남을 것이다.

> "그날 오후 저는 잘 알지 못하는 도시를 세 시간 동안 산책했습니다. 어떻게 하면 제 시간을 최대로 사용할 수 있을지 고민하는 대신, 그냥 돌아다녔어요. 평온하고 느긋한 기분이 들었습니다. 정말 좋은 시간이었어요."
>
> ─ 로런

---

* 혹여 내가 마치 도를 깨우친 사람처럼 보일까 하는 말인데, 나와 내 남편은 빗자루부터 쓰레기봉투까지 뭔가를 골라야 할 때 최대한으로 검색해야 하는 사람들이다.

찰나의 관계를 맺어라

불륜을 저지르란 이야기가 아니다. '찰나의 관계'란 연결된 느낌을 주는 짧은 상호작용을 의미하는데, 낯선 사람과 종종 맺게 된다. 이를테면 웨이터와의 유쾌한 대화, 호프집에서 야구 경기를 보며 단체로 응원하기, 비행기 옆자리에 탄 모르는 사람과의 이상할 만큼 사적인 수다 등이 해당한다. 큰 의미가 없다고 여기기 쉽지만, 사실 이런 상호작용은 우리가 사회 전체와 얼마나 '연결되는지' 느끼는 데 놀라울 정도로 극적인 영향을 미친다. 스마트폰을 들여다보는 시간이 주변 사람과 보내는 시간보다 많을수록, 우리가 갖는 찰나의 관계는 줄어든다.[19] 시범 분리 기간 동안 적어도 한 번은 찰나의 관계를 가져보라. 그 후에 여러분의 기분이 어떻게 달라졌는지 살펴보라.

'진짜 사람'과 재미있는 일을 하라.

이 소제목만으로 별다른 설명이 필요 없길 바란다.

"스마트폰과 소셜미디어가 사람들 사이를 더 많이 연결해준다고 말하지만, 사실 스마트폰 속에서 우리는 혼자다." — 다니엘

스마트폰과 맺게 될
새로운 관계

세상의 의견을 따라 세상을 사는 건 쉽다. 고독 속에서는 자신의 의견

을 따라 사는 것이 쉽다. 하지만 위대한 사람은 군중 속에서도 고독의

독립성을 완벽하고 아름답게 유지하는 사람이다.[20]

— 랠프 월도 에머슨Ralph Waldo Emerson,『자기 신뢰Self-Reliance and Other Essays』

축하한다! 이별 과정에서 가장 어려운 단계를 모두 마쳤다.

지금쯤이면 여러분은 자신이 스마트폰을 어떻게 사용하고 있

는지, 스마트폰을 어떻게 **사용하고 싶은지**, 그리고 자기 집중

력을 어떻게 사용하고 싶은지를 더 명확하게 알았을 것이다.

이번 주의 목표는 지금까지 도모해온 변화가 완전히 자리 잡

도록 하는 것이다. 제대로만 한다면 이별로 시작했던 여정이

돌파구로 마무리될 것이다.

WEEK 4

〉**시범 분리 결과 분석하기**

스마트폰과의 화해를 위한 첫 번째 단계는 시범 분리 과정을 되돌아보고 교훈을 얻는 일이다. '보고-생각하고-느끼고-궁금해하기'라고 요약할 수 있는 일련의 주관식 질문들으로 시작해보자. 함께 시범 분리를 시도했던 사람이 있다면 대화 혹은 글쓰기 주제로 이 질문들을 사용하면 좋다.

○ **24시간의 시범 분리 동안 자신의 행동과 감정에서 무엇을 관찰했는가(즉, 무엇을 보았는가)?**

"다른 사람과 더 많이 소통하고 상호작용하는 자신을 발견했습니다. 주의를 빼앗길 스마트폰이 없으니 주변 사람들에게 관심을 기울이고 대화에 참여하게 되더라고요. 한번은 쉬는 시간이 필요해서 벤치에 앉았는데, 스마트폰에 손을 뻗는 대신 몇 분 동안 명상을 해봤어요. 24시간 동안 자기 균형을 찾은 느낌이 들었습니다."

— 벤

○ **이렇게 관찰한 내용들을 보고 어떤 생각이 드는가? 분리 경험을 돌이켜보면 어떤 생각이 드는가?**

"지금까지 어떤 것에 완벽히 몰입해서 경험할 기회를 스스로 없애버리고 있었다는 생각이 들었습니다." ─크리스털

○ 시범 분리를 경험한 지금은 스마트폰 자체에 대해서, 그리고 스마트폰과 자신의 관계에 대해서 어떻게 느끼는가?

"스마트폰과 떨어져 있던 시간을 통해 하루 중 특정 기간에는 스마트폰이 얼마나 불필요한지 깨달았습니다." ─케이티

"예전에 비해 스마트폰에 훨씬 더 고마움을 느낍니다. 이제 스마트폰을 사용하는 시간이 즐겁고 목적의식이 있기 때문이죠." ─베스

○ 이제 여러분은 시범 분리를 끝내고 스마트폰과의 관계를 깊이 들여다보기 시작했다. 그렇다면 무엇이 궁금한가? 어떤 질문들이 떠오르는가? 무엇을 더 알고 싶은가? 더 조사해보고 싶은 건 무엇인가?

"폴더폰으로 돌아간다면 어떤 일이 벌어질지 궁금해요. 제 옷장 서랍에 오래된 폴더폰들이 몇 대나 있거든요. 일주일 동안 제 유심칩을 폴더폰에 꽂아서 사용해보는 건 어떨까요?" ─샌디

'보고-생각하고-느끼고-궁금해하기'의 과정을 마쳤다면, 다음의 질문에 대해서도 생각해보라.

○ **무엇이 가장 힘들었는가?**

"단 몇 시간 동안 스마트폰이 없었을 뿐인데 외로운 것을 넘어 거의 우울한 기분이 들기까지 했습니다. 친구들과 함께 있었는데 다들 각자의 스마트폰만 계속 보고 있더군요. 그 순간이 정말 힘들었습니다."

— 다니엘

○ **무엇이 가장 좋았는가?**

"제가 극심한 스마트폰 중독은 아니란 사실을 알았다는 게 가장 좋았습니다. 배우자가 여행을 떠나자 자신이 '여전히 온전한 한 개인이며, 평소 배우자가 했던 집안일을 어떻게 하는지 알고 있고, 혼자서도 즐거운 시간을 보낼 수 있다'라는 사실을 새삼 깨닫게 되는 것과 같습니다. 잊고 있던 자아와 다시 마주하고 아직 자기 정체성이 존재한다는 사실을 확인하며 안심하는 거죠."

— 버네사

○ **무엇이 놀라웠는가?**

"다시 소셜미디어로 돌아갔을 때(슬프게도 제가 다시 돌아갈 수 있다는 사실에 꽤 흥분되었어요), 제 관심을 끄는 피드가 거의 없었습니다. 전 아무것도 놓치지 않았죠."　　　　　— 시오반

○ **정식 이별 과정을 마치고 나면 그중 어떤 경험을 앞으로도 사용할 수 있을까?**

"스마트폰을 있어야 할 자리에 두는 일'을 더 자주 해야겠어요."

　　　　　　　　　　　　　　　　　　　— 제시카

WEEK 4 스마트폰과 맺게 될 새로운 관계　　　　　　　　211

스마트폰 단식 시작

간헐적 단식이 신체 건강에 좋다고 알려진 것처럼 주기적인 단기간 스마트폰 단식은 우리의 정서적·지적 건강을 위해 필수다. 잘 알다시피 스마트폰에 계속해서 묶여 있는 건 우리 뇌를 지치게 한다. 뇌에도 주기적으로 스마트폰이 없는 시간을 줘서 활력을 회복해야 한다. 다른 중독성 있는 행동들에도 적용되듯이, 때로는 그 행동을 하지 않고 잠시 쉼으로써 여러분이 중독되지 않았단 사실을 스스로 입증하는 것이 중요하다.

스마트폰 단식에는 다양한 방법이 있으며, 반드시 24시간 동안 할 필요도 없다. 금요일 밤에 잠들 때 스마트폰을 껐다가 토요일 아침에 일어나서 몇 시간이 지난 다음 스마트폰을 '깨우는' 연습을 반복해볼 수도 있다. 스마트폰이 없는 아침 시간을 활용해 자신에게 양분이 되는 다른 행동을 하면 된다. 주말 하이킹 등 스마트폰 없이 해볼 활동을 선택할 수도 있다. 다른 사람(예를 들어, 배우자나 자녀)이 일시적으로 여러분의 소셜미디어 계정 비밀번호를 바꾸도록 해서 강제적으로라도 소셜미디어로부터 잠시 멀어지는 시간을 가질 수도 있다.

여러분이 어떤 방법을 택하든 자책하지 않는 것이 중요하단 사실을 기억하라. 이건 여러분의 기분을 나아지게 하기 위한 일이다. 다시 말해, 스스로에게 '언제 나 자신을 강제로 스마트폰과 멀어지도록 할 수 있을까?'라고 묻지 말란 이야기다. 대신에 이렇게 질문하라. '내가 스마트폰과 잠시 멀어지고 **싶은** 때는 언제일까?'

이걸 유념하면서 오늘 하루 중에 적당한 시간대를 골라보라. 30분에서 1시간 정도면 된다. 스마트폰을 완전히 꺼버리거나 보이지 않는 곳으로 치워라. 스마트폰과 멀어지는 것이 기분 좋은 일이 될 만한 시간을 선택하라. 예를 들어, 개를 산책시킬 때, 점심 식사나 저녁 식사를 할 때가 될 수 있다. 이렇게 짧은 스마트폰 단식을 오늘부터 우리의 이별 과정이 끝날 때까지 쭉 이어가라. 더 자주 단식할수록 단식한 당일은 스마트폰에 덜 끌리게 될 것이다.

"저녁에 남편과 외식할 때 스마트폰을 집에 두고 나왔습니다. 정말 멋진 경험이었어요! 그 이후로 산책할 때도 잠깐 외출할 때도 스마트폰을 집에 두고 나가고 있습니다. 제 남편도 똑같이 하고 있어서 저희 부부는 서로 유대감을 형성할 수 있었어요."

— 크리스털

온갖 초대를 관리하는 방법

스마트폰과의 관계를 변화시키는 데 있어 가장 어려운 점 중 하나는 자신의 뇌가 보내는 초대에 끊임없이 거절 의사를 밝혀야 한다는 점이다. 예를 들어보자.

- "안녕! 방금 일어난 거 봤어. 자는 동안 누가 메시지를 보냈는지 확인하고 싶지 않아?"
- "곧 명상하려는 거지? 그 전에 소셜미디어 계정부터 잠깐 확인하는 건 어때?"
- "이 데이트 너무 지루하다. 잠깐 일어나 화장실에 가서 다른 사람한테 메시지를 보내자."

우리는 이미 스마트폰과 관련된 초대와 알림에 대해 많은 조치를 취한 상태이고, 단순히 스마트폰에 반응하는 것이 아니라 우리의 시간과 집중력을 어떻게 사용하길 바라는지 적극적이고 주도적으로 결정하는 훈련도 해왔다. 앞서 시도한 많은 훈련과 마찬가지로, 마음 챙김에 기반한 이번 훈련 역시 여러분의 삶 전반에 매우 유용할 것이다. 오늘은 마음 챙김 기반 훈련을 확장해보자. 여러분의 뇌가 보내는 초대를 인지하려고 노력해보자. 스마트폰에 관련된 초대와 그렇지 않은 초대 모두 포함된다. 그리고 그 초대에 자신이 어떻게 반응하길 **바라는지** 의식적인 결정을 내려보자.

예를 들어, 누군가 도로 위에서 끼어들 때 거친 손짓과 욕설로 자신의 감정을 즉각 표출하지 말고 잠시 멈춰보자. 멈추어 숨 쉬고 현재 상황에 집중하라. 여러분의 뇌가 여러분에게 어떤 행동을 요청하고 있는지 인지해보라. 가능한 대안을 고려해보라. 그리고 실제로 자신이 원하는 행동이 무엇인지 결정하라.

> "스마트폰에 손을 뻗다가도 잠시 멈추고 저 자신에게 묻습니다. '너 지금 스마트폰을 왜 보려고 하는 거야?'라고 말이죠. 대부분은 습관적으로 주의를 돌릴 대상이 필요해서 스마트폰을 보게 된단 사실을 깨닫습니다. 그러면 스마트폰을 쳐다보지 않고 다시 내려놓죠. 그때 기분이 정말 좋아집니다." — 베스

디지털 라이프 정리 완결판

오늘은 디지털 라이프의 다른 부분들을 정리해볼 예정이다. 메시지, 데이팅 앱, 게임, 차단 앱, 비밀번호 관리 앱은 이미 이야기했으니, 이번에는 다음의 항목들에 집중해보자.

이메일

여러분이 받는 무수히 많은 이메일 중 대부분은 딱히 중요하지 않다. 이를 몇 가지 카테고리로 분류하여 알아보자.

1. 구독을 취소하라!

앞으로 일주일을 보내는 중에 짬을 내어 여러분이 수신하고 싶지 않은 곳에서 온 이메일은 모두 구독을 취소하라. 너무 복잡하게 들린다면, 인터넷 검색을 통해 '이메일 구독 자동 취소 앱'을 찾아서 설치하라.

2. 받은 편지함의 독재에서 벗어나라!

받은 이메일과 관련해 스스로 어떤 신념을 가져왔든 관계없이, 수신한 모든 이메일에 즉시 회신할 필요는 없다. 이메일이 도착하자마자 확인할 의무도 없다. 받은 편지함으로부터 자유로워지는 방법은 여러 가지다. 우선, 하루 중 특정 시간에만 받은 편지함에 접속하도록 차단 앱을 설정할 수 있다. 특정 브라우저와 이메일 클라이언트(크롬, 지메일 등) 관련 플러그인을 설치해서 받은 편지함에 접속하는 횟수와 접속 유지 시간을 제한할 수도 있다. 이 책을 집필하며 집중력을 유지하기 위해 몇 가지 플러그인들을 설치해서 사용하고 있는데, 게임의 전개가 완전히 바뀐 것 같은 큰 효과를 얻었다.[*]

3. 스스로 분별력을 갖추기 위해 폴더를 사용하라!

'회신 필요'라는 폴더를 만들어서 실제로 회신이 필요한 이메일들을 저장하라(중요도에 따라 이메일을 분류할 수도 있다). 이렇게 폴더를 사용하면 이메일을 **보더라도** 받은 편지함 전체

---

[*] 지메일과 아웃룩에서는 플러그인 '부메랑Boomerang'을 사용하면 회신 이메일을 예약해둘 수 있고, 관련 있는 특정 메시지의 경우에는 사용자에게 '부메랑처럼' 돌아오도록 설정할 수 있다. 부메랑에는 '인박스 포즈Inbox Pause'라는 훌륭한 기능도 있다. 이 기능을 사용하면 새 메시지를 수신할 때마다 알림이 울리는 대신, 신규 메시지가 사용자에게 보여지는 시간을 지정할 수 있다.

지메일과 크롬의 '인박스 웬 레디Inbox When Ready' 기능도 유용하다. 여러분이 받은 편지함을 보겠다고 선택하지 않으면 해당 편지함은 눈에 띄지 않는다. 이렇게 하면 받은 편지함 옆의 '읽지 않은 메일' 숫자를 보지 않을 수 있다. 더불어 하루 중 언제, 얼마 동안 받은 편지함을 볼 것인지 설정할 수도 있다.

에 압도되는 느낌은 받지 않을 수 있다.

4. 상거래용 이메일 계정을 만들어라!

즉, 물건을 살 때 사용할 새로운 이메일 계정을 만들어라. 구매 관련 정보를 쉽게 찾을 수 있고, 동시에 원하지 않는 스팸 메일을 제외하는 방법이다.

5. 놓치고 싶지 않은 사람들의 이메일은 따로 관리하라!

나머지 다른 사람들의 이메일은 모두 무시하라. 농담처럼 들리겠지만 농담이 아니다(상세한 내용은 8일 차의 '전문적인 이메일 팁: VIP의 힘'을 참고하길 바란다).

6. 휴가에서 돌아왔을 때 이메일이 잔뜩 쌓여 있는 끔찍한 상황을 피하고 싶다면 '(이름)_Important'라는 새로운 계정을 만들어라!

평소 사용하는 계정에 자동 응답을 설정해서 여러분이 휴무라는 사실을 알려라. 이때 휴가 중에는 이메일을 확인하지 않을 것이며 그동안 쌓인 이메일은 복귀 후에도 읽지 않겠다는 내용도 포함하라. 다만 즉각적인 도움이 필요한 사람이 있을지도 모르니 여러분을 대신해서 연락받을 사람과 그의 연락처도 전달하라. 만약 여러분이 휴가에서 돌아온 즉시 이야기를 나눠야 하는 **정말로** 중요한 건이 있다면 'important' 이메일 계정으로 이메일을 다시 보낼 경우 복귀해서 회신하겠다고 알려주어라. 그만큼 긴박하고 중요한 사안은 거의 없다는 사실에 놀랄 것이다(독일의 다임러Daimler에서 사용하는 방식에서 착안한 방법이다. 다임러에서는 휴가 중인 직원이 수신한 이메일은 자동으로 삭제되고, 해당 이메일의 발신자에게 긴급할 경우 누구에게 연락해야 할지 안내 메시지가 전송된다).

소셜미디어

사실, 지금까지의 이별 과정을 착실히 따랐다면 여러분의 스마트폰에는 더 이상 소셜미디어 앱이 남아 있지 않아야 한다. 하지만 그와 관계없이 여러분의 소셜미디어 계정을 정리하는 시간을 가져보자. 여러분에게 중요하지 않은 사람들 혹은 그 사람의 포스팅을 보면 기분이 나빠지는 사람들은 과감히 팔로우를 취소하라. 그들이 여러분의 인생에서 어떤 역할을 수행하는지를 기준으로 삼아 그룹을 나눠서 리스트를 만들어라(친구, 가족, 동료, 모호한 지인 등으로 나누면 된다). 여러분이 휴가 중에 찍은 사진을 소셜미디어에 올리려 할 때 어떤 그룹이 그 사진을 보게 할지 지정할 수 있다. 업무를 위해 소셜미디어를 사용한다면 업무용 계정을 별도로 만드는 것도 고려해보라. 이때 얼마나 자주 계정을 확인할지를 프로필에 적어두기를 추천한다. 아직 소셜미디어 설정 탐구를 하지 않았다면, 여러분의 계정 설정을 보다 깊이 살펴보자. 여러분이 평소 알고 있던 것보다 훨씬 더 많은 옵션들이 존재할 것이다.

운전

차량이 특정 속도에 도달하면 스마트폰이 비활성화되는 자동 운전 모드를 활용하라(여러분의 스마트폰 기기 모델명 혹은 통신사 이름과 '운전 모드'를 키워드로 인터넷으로 검색해보자).

계정 연결

요즘 많은 웹사이트에서 사용자의 소셜미디어 계정을 사용하여 로그인하는 옵션을 제공한다(예를 들어, 페이스북 계정으로 스포티파이에 로그인할 수 있다). 이 옵션을 절대 받아들이지 마라! 이미 여러분의 계정들을 연결했다면 시간을 들여서라도 계정들을 분리하라(예를 들어, 페이스북 계정 연결을 해제하고 스포티파이만의 별도 계정을 만든다).

> "이건 우리가 해야 한다는 걸 알면서도 절대 손을 대지 못하는 종류의 일입니다. 마침내 그 일을 마친 순간, 제 전반적인 스트레스 수준이 현저히 낮아졌고 상황을 스스로 주도한다는 성취감이 놀라울 정도로 컸어요."
> — 에드윈

스마트폰 확인을 확인하기

스마트폰을 확인하려는 찰나에 자신을 바로잡는 멋진 방법이 있다. 이메일, 소셜미디어, 문자 메시지, 뉴스 등 그게 무엇이든 지금 확인하고 싶어서 손이 근질근질하단 걸 스스로 눈치챘을 때, 몇 가지 간단한 질문을 자신에게 던져보자. 지금 스마트폰을 확인해서 얻을 수 있는 최선의 결과는 무엇인가? 받을 수 있는 최선의 이메일은 무엇인가? 최선의 뉴스는 무엇인가? 최선의 알림은 무엇인가? 경험할 수 있는 최선의 감정은 무엇인가?

그리고 나서 자신에게 또 한 번 질문하자. 실제로 이 최선의 결과들을 얻을 확률은 얼마나 되는가? 스포일러지만 답을 바로 말하자면, 그 확률은 낮다. 매우 낮다. 지금 당장 스마트폰에 손을 뻗었을 때 여러분이 꿈에 그리던 일자리를 제안하는 헤드헌터의 메시지를 받거나, 기분이 좋아지는 뉴스를 찾거나, 전혀 모르던 매력적인 누군가로부터 갑자기 저녁 식사를 초대받는 일은 일어나지 않을 거라는 데 나는 돈을 걸 수도 있다.

오히려 여러분을 화나게 하거나 스트레스를 주는 뭔가를 보게 될 가능성이 더 크다. 최선의 시나리오가 실현될 가능성이 얼마나 적은지 깨닫는다면, 스마트폰 확인을 멈추기가 훨씬 쉬워질 것이다.

"기분이 나아지기 위해서 스마트폰에 더 자주 손을 뻗을수록, 제 기분은 더 나빠집니다."
— 데이비드

당신의 스마트폰 확인을 위해 다른 사람을 활용하라

자신의 스마트폰 습관에 주의를 기울일수록 다른 사람이 그들의 스마트폰에 얼마나 자주 빠져드는지 알아차리게 된다. 눈은 스마트폰에 고정된 채로 인파로 붐비는 교차로를 건너는 사람들이 보일 것이다. 외식을 하러 나간 가족이 식사 시간 내내 서로의 스마트폰을 들여다보느라 대화는 거의 나누지 않는 모습도 보일 것이다. 익숙한 블루라이트가 비친 얼굴들로 가득한 지하철 내부 풍경도 눈에 들어올 것이다.

여러분이 만들고자 노력해온 습관을 하나 고른 다음, 다른 사람들이 스마트폰을 사용하는 모습을 신호로 사용해보자.

"엘리베이터에서 스마트폰을 확인하는 사람들을 보면 저도 그러고 싶어집니다. 하지만 지금은 옆 사람이 자신의 주머니를 뒤지기 시작하면, 그 모습을 하나의 신호로 삼아 숨을 깊게 들이마신 다음 그 순간 무엇에 집중하고 싶은지 스스로에게 질문합니다. 아니나 다를까, 대부분의 경우 스마트폰이 아니더군요."

— 피터

디지털 안식 생활의 지혜

초반의 우려에도 불구하고, 많은 사람들이 스마트폰과의 24 시간 분리를 매우 보람 있게 여기고 시범 분리를 주기적인 디지털 안식일로 전환하기로 결심하곤 한다. 꼭 매주 디지털 안식일을 가질 필요는 없다. 한 달에 한 번으로도 강박적으로 스마트폰에 손을 뻗는 행동이 줄어드는 데 도움이 될 것이다. 반드시 여러분의 모든 기기로부터 멀어질 필요도 없고, 그 기기들의 전원을 완전히 꺼버릴 필요도 없다. 항상 그렇듯, 핵심은 자신의 경험을 개개인에 맞추어 변형시키면서 발전해나가는 것이다.

나의 제안에 관심이 없다면, 이번 주말에는 다른 분리 방법을 시도해봐도 무방하다(관심이 가는 다른 방법이 없다면, 이번 주말에는 지금까지 해왔던 습관 중 몇 가지를 더욱 확고히 하는 데 사용해보라). 여러분이 보다 쉽게 디지털 안식을 시행할 수 있도록 몇 가지를 팁을 정리해보았다.

복잡하게 얽힌 기기들을 풀어내라

다양한 목적으로 사용할 수 있다는 것은 스마트폰의 장점 중 하나지만, 동시에 최악의 단점이기도 하다. 자기 전에 팟캐스트를 듣기 위해 꺼냈다가 뉴스를 읽느라 한 시간이 훌쩍 지나가버리게 하는 것, 그것이 스마트폰이다. 한 가지 해결책은 별도의 기기에 투자하는 방법이다. 지금쯤이면 여러분은 이미 스마트폰의 알람 기능을 대신할 자명종을 구비하고 있어야 한다. 각자의 습관에 따라 별도의 전자책 리더기, 음악 재생 기기, 혹은 디지털 카메라를 갖추고 싶어질 수 있다.

'집 전화'를 만들어라

새 스마트폰을 장만하면서 서랍 속에 처박아둔 예전 스마트폰을 내다 버리거나 중고로 판매하는 대신, 그 기능을 정말 축소해서 오직 하나의 용도로만 사용할 수 있는 '집 전화'로 만들어라. 카메라, 음악, 타이머, 계산기, 그 외 온도 조절이나 경보 알람 등 순수하게 도구적인 기능을 지닌 앱을 제외한 모든 앱(인터넷 브라우저까지)을 삭제하라. 이렇게 하면 스마트폰은 여러분을 유혹하는 존재가 아니라 단순한 리모컨으로 전락한다. 무선 인터넷이 있는 한, 요금제 가입도 필요하지 않다.

오래된 스마트폰이 없을 경우에는 중고 스마트폰을 저렴하게 구매하면 된다. 어떤 앱을 남길지를 까다롭게 선별하는 것이 요령이다.

스마트폰의 일시 정지 모드를 활용하라

지금보다 더 자주 스마트폰의 비행기 모드나 방해 금지 모드를 활성화하라. 여러분이 스마트폰을 아무 생각 없이 확인하는 행동을 막아주는 일종의 과속방지턱이 될 수 있다.

방해 금지 설정을 맞춤화하라

정말 연락을 주고받고 싶은 사람들을 미리 선택해두자. 이렇게 하면 스마트폰과 멀어졌을 때 긴급한 연락을 놓칠 염려를 하지 않아도 된다.

미리 지도를 다운로드해두어라

자주 조회하는 지역의 지도는 다운로드해두고 오프라인으로도 볼 수 있다는 사실을 알고 있는가? 스마트폰으로부터의 완벽한 분리를 목표로 한다면 도움이 되지 않겠지만, 스마트폰 사용은 최소화하면서도 길을 잃고 싶지 않을 때는 훌륭한 옵션이 될 수 있다.

일반 전화를 개통하라

언제든 일정한 요금을 지불하면 일반 전화기를 설치 및 사용할 수 있다. 일반 전화기의 필요성을 느끼지만 요금은 내고 싶지 않다면 인터넷 전화가 있다('VoIP Voice Over Internet Protocol'라고도 부르는, 인터넷 전화 통화 규약을 따르는 전화를 의미한다). 인터넷 전화를 사용하면 중요한 연락을 놓칠 우려 없이 스마트폰으로부터 잠시 벗어나 휴식을 취하기가 훨씬 쉬워진다. 스마트폰의 전원을 끄기 전에 착신을 전환해서 모든 수신 전화가 일반 전화(혹은 인터넷 전화)로 전달되도록 할 수 있다.

또 다른 옵션은 집에 오면 전화 외의 모든 앱을 차단하고 벨 소리가 울리도록 설정한 스마트폰을 현관에 두는 습관을 들이는 방법이다. 이렇게 하면 여러분의 스마트폰은 기본적으로 일반 전화와 동일한 기능만 하게 되고 스마트폰과 떨어져 있어도 중요한 전화를 놓치지 않을 수 있다.

피처폰으로 다운그레이드하라

극단적이긴 하지만, 뭐 어떤가? 피처폰으로는 도저히 일상생활이 불가능하다면 언제든 스마트폰으로 돌아갈 수 있다.

실험하기를 두려워하지 마라

스마트폰과의 건강한 관계 형성에 있어 정해진 규칙은 없다. 다양한 아이디어를 실험해보고 자신에게 맞다고 느껴지는 것을 채택하면 된다.

초효율적 사람들의 스마트폰 습관 7

지금까지 우리는 스마트폰과의 건강한 관계를 위한 기반 형성에 많은 공을 들여왔다. 하지만 이 새로운 관계를 유지하는 것도 쉽지 않다. 스마트폰 말고도 무선 모바일 기기들이 잔뜩 존재할 뿐 아니라, 새로운 세대의 기기가 나올 때마다 그 기기들을 내려놓기가 더 힘들어질 가능성이 크다.

그런 환경에서 우리의 결심을 이어나가려면 계획을 세워야 한다. 다음은 스마트폰 및 다른 모바일 기기들과의 상호작용과 관련된 일곱 가지 습관들이다. 이를 살펴보고 여러분은 어떻게 할지 자신만의 습관으로 맞춤화해보자(이 습관의 영향이 삶의 다른 부분에도 미칠 수 있다는 사실에 놀라지 마라!).

1. 나는 건강한 스마트폰 루틴을 가지고 있다

우리의 루틴에 적용해온 많은 변화(예를 들면, 스마트폰을 침실 밖에 두기)는 습관이 될 **가능성이 있다.** 하지만 아직은 자동으로 행해지는 수준이 아니기 때문에, 그 변화들은 상당히 취약한 상태다.

진정한 습관이 되려면 새로운 행동들이 두 번째 천성이 되어 생각하지 않고도 행동할 수 있어야 한다. 이를 달성하는 가장 좋은 방법은 특정 상황에서 어떤 행동을 할지 미리 결정해 두는 것이다. 이렇게 해두면 그 상황에 처했을 때 생각하지 않고도 새롭고 건강한 습관을 따를 수 있다. 예를 들어보자.

- 스마트폰을 어디에서 충전할까?
- 밤 몇 시에 스마트폰을 멀리 떨어진 곳에 가져다 놓을까?
- 아침 몇 시에 스마트폰을 처음으로 확인할까?

  시간일 수도, 상황일 수도 있다. 예를 들면 '회사에 출근하기 전에는 확인하지 않는다'도 답이 될 수 있다. 평일과 주말에 각기 다른 시간을 정할 수도 있다.

- 근무 중에는 스마트폰을 어디에 보관할까?
- 집에 있을 때는 스마트폰을 어디에 보관할까?
- 식사 중에는 스마트폰을 어디에 보관할까?
- 스마트폰을 어디에 넣어서 가지고 다닐까?
- 스마트폰을 무슨 목적으로 사용할까?

  길 찾기 등 실용적인 목적, 전화와 문자 메시지 등 사회적인 목적, 팟캐스트 듣기 등 교육이나 재미를 위한 목적 등이 있다.

- 스마트폰을 사용하지 않겠다고 결심한 상황은 언제인가? 엘리베이터 안에서, 줄을 서면서, 혹은 지루하거나 사회적으로 어색함을 느낄 때인가?
- 당신의 삶을 풍요롭거나 단순하게 해주는 도구가 되는 앱은 무엇인가?
- 당신을 끌어당길 가능성이 가장 크다고 생각하는 앱은 무엇인가?

이것은 굉장히 유용한 질문인데, 걱정거리를 줄여주기 때문이다. 여러분의 집중력을 빼앗는 앱 세 가지를 알고 있다면, 그 앱들을 사용할 때 경계 태세에 돌입하자. 나머지 다른 일들은 크게 걱정하지 말아라. 혹은 그 세 가지 앱을 완전히 지워버릴 수도 있다! 그냥 그럴 수도 있단 말이다.

○ 이전 질문들에 대한 당신의 답변을 기반으로, 당신이 차단한 앱이나 웹사이트는 무엇이며 언제 차단했는가?

2. 나는 예의 있는 사람이고, 예의 있게 행동하는 법을 안다

다음의 상황에서 여러분은 스마트폰을 어디에 보관하며 스마트폰과 어떻게 상호작용하는가?

○ 다른 사람과 시간을 보낼 때
○ 영화나 TV를 볼 때
○ 식사할 때
○ 운전할 때
○ 수업, 강연 혹은 회의 중일 때

더불어 다른 사람과 함께 시간을 보낼 때 그 사람이 그들의 스마트폰과 어떻게 상호작용했으면 좋겠는지, 그것을 어떻게 요구할지 생각해보아도 좋다(구체적인 방법은 14일 차의 내용을 참고하길 바란다).

"식사할 때: 스마트폰을 눈에 절대 보이지 않는 곳에 둔다.

운전할 때: 멀리 둔다. 질문의 여지는 없다.

강의를 들을 때: 보이지 않는 곳에 두고 선생님과 친구들을 배려해서 무음으로 전환한다." ──더그

3. 자신의 사정을 봐준다

이 습관을 제안하는 이유는 두 가지다. 첫째, 새로운 습관을 들이는 도중에 과거의 습관이 튀어나온다면 자신의 사정을 봐주는 것이 중요하다. 누구에게나 일어나는 일이다. 자기 자신을 바꾸기 위해 스스로와 싸운 시간이 적을수록 예전의 자기 모습으로 돌아가기 쉽다.

둘째, 하루 중 특정 시간에는 정말 아무 생각 없이 스마트폰을 스크롤하도록 자신을 허락하고 싶을 수 있다(휴식을 취하기 위해 스마트폰을 사용하는 때다). 아무런 죄책감 없이 스마트폰을 사용하는 시간을 규칙적으로 허용하면 스마트폰을 과도하게 사용하는 행동을 방지하는 데 도움이 되고 여러분의 큰 목표를 장기적으로 달성하기도 훨씬 수월해진다.

또한 여러분의 주의 지속 시간에 스마트폰이 미치는 영향을 고려할 때, 집중력 훈련의 한 방법으로 스마트폰 사용이 **필요할** 수도 있다. 10분간 집중하면 1분간 스마트폰을 허용하는 식이다. 이때 집중하는 시간을 점점 늘려나간다.

처음에는 30분이었던 '스마트폰 자유 시간'이 금세 2시간으로 늘어날까 걱정된다면 차단 앱을 사용해서 미리 스마트폰 사용 일정을 설정하면 된다. 스스로에게 스마트폰 자유 시간을 언제, 어떻게 줄 것인지 계획을 세우고 설명해보라.

> "아이들을 모두 재우고 난 순간을 학수고대합니다. 스마트폰을 보면서 소파와 한 몸이 될 수 있는 시간을 말이죠. 여기서 요령은 스마트폰을 보되 절대 제 통제를 벗어나지 못하도록 하는 것입니다."
>
> — 크리스틴

완벽함이 중요한 게 아니다

모든 이별 과정을 거쳤음에도 스마트폰과의 관계가 여전히 완벽하다고 느껴지지 않는다면 그래도 괜찮다고 말해주고 싶다. 우리와 스마트폰은 원래 완벽할 수 없는 관계다. 오히려 이 완벽하지 않은 관계, 그리고 물리적인 기기 그 자체로서의 스마트폰이 우리 인생의 모든 것은 끊임없이 변화하며 그 변화는 불가피하다는 사실을 상기시켜준다.

어떤 날은 기분이 좋을 수도 있고, 어떤 날은 나쁠 수도 있다. 그래도 괜찮다. 충분한 자의식만 갖추고 있다면 우리는 올바른 방향으로 향해 나아갈 것이다.

> "이 변화들이 일어났다고 해서 제가 24시간 동안 갑자기 완
> 벽한 엄마 겸 배우자, 탁월한 운동선수, 세계적 수준의 작가
> 가 될 수는 없을 겁니다. 하지만 손길이 닿을 방해 요소가 줄
> 어들었으니 제게 주어진 시간을 더 잘 활용할 수 있을 거란
> 확신이 듭니다."
> ─ 버네사

4. 나는 스마트폰 단식을 시행한다

지금까지 우리는 스마트폰과 잠시 멀어지는 여러 가지 방
법을 시도해왔다. 이제 원하는 바를 문서화할 시간이다. 언제
그리고 어떻게 스마트폰 단식을 시행하겠는가?

> "여행지에 도착한 후 여행하는 동안에는 스마트폰에 매달리지
> 않습니다. 그러니까, 이번 주말에 캠핑을 간다면 캠핑 장소에
> 도착할 때까지는 스마트폰을 사용하지만 일단 도착하고 나면
> 연결을 끊어버립니다. 다시 도로 위로 차를 몰고 나설 때까지
> 말이죠."
> ─ 더스틴

5. 내게도 삶이란 것이 있다

스마트폰 없이 시간을 어떻게 보낼지(감히 말하건대 어떻게
재미있게 보낼지) 사전에 정해두지 않았다면, 이전 습관으로 되

돌아갈 가능성이 매우 크다. 그러므로 스마트폰과 관련되지 않은 활동을 몇 가지 적어서 목록으로 만들어보는 시간을 가져라. 자신에게 즐거움이나 만족감을 주는 활동으로 채워라. 여러분의 일상에 주기적으로 포함할 활동이면 더 좋다. 예를 들어보자.

○ 나는 기타 치는 걸 좋아한다. 그래서 계속 기타 레슨을 받을 것이고 매주 기타 연습을 위해 시간을 할애할 것이다.

○ 나는 내가 소중히 여기는 사람들과 연락하는 걸 좋아한다. 그래서 20분에서 30분 정도의 쉬는 시간 동안 친구나 가족에게 전화하기 위해 스마트폰을 사용할 것이다.

"내 친구들 모두와 한 달에 한 번씩 '스마트폰 없는' 저녁 파티를 열고 싶어요. 식사를 시작할 때 미리 마련한 통 안에 스마트폰들을 모아 담고, 식사를 마치고 그곳을 떠날 때까지 스마트폰을 사용하지 않기로 하는 거죠." ─ 다니엘

6. 나는 잠시 멈춤을 훈련한다

여러분은 왜 '가만히 있기'가 훈련해야 할 정도로 중요하다고 생각하는가? 1분의 휴식 시간이 있다면 여러분은 무엇을

할 것 같은가? 30분의 휴식이 주어진다면? 몇 시간이라면?

"지하철 플랫폼에서 기다리고 있을 때 덜 안달하길 원하는 마음으로, 물을 한 모금 마시고 깊게 심호흡합니다."

— 로런

7. 나는 집중력을 훈련한다

우리가 스마트폰을 하느라 축적된 시간의 피해를 상쇄하기 위해 주의 지속 시간을 다시 강화할 필요가 있다. 더불어 우리 뇌를 건강한 형태로 유지하기 위해 (정신적·육체적으로) 규칙적인 훈련을 해야 한다. 여러분이 습관적으로 실행하고자 하는 집중력 생성 훈련 몇 가지를 선택하라. 이미 훈련해오고 있는 것도 상관없다.

"주 3회 15분의 명상 훈련을 아침 루틴에 계속 반영할 계획입니다."

— 존

"한 번에 반드시 한 가지만 하려고 시도할 계획입니다." — 줄리아

공식적인 이별 플랜이 단 이틀밖에 남지 않았다. 내일이 지
나면 여러분은 원래 자기 모습으로 돌아갈 것이다. 스마트폰
과 형성한 새로운 관계의 궤도에서 벗어나지 않고 이를 유지
하는 가장 효과적인 방법은 스스로를 주기적으로 확인해보는
일정을 짜는 것이다.

　자, 달력을 꺼내자. 스마트폰에 있는 캘린더 앱도 좋다. 자
기 자신을 확인해보라는 알림이 매달 뜨도록 설정해두자. 그
때 자신에게 건넬 수 있는 질문들은 다음과 같다.

- 스마트폰과 나의 관계 중 잘 이어지고 있는 부분은 무엇인가?
- 스마트폰과 나의 관계 중 어떤 부분을 바꾸고 싶은가? 변화를 시작하
  기 위해 할 수 있는 일이 하나 있다면 무엇인가?
- 내 집중력을 강화하기 위해 무엇을 하고 있거나 할 수 있는가?
- 앞으로 30일 동안 내 목표는 무엇인가?
- 내가 소중히 여기는 사람들과 시간을 보내기 위한 즐거운 계획은 무
  엇인가?
- 예전에 지웠던 앱을 다시 설치했거나, 스마트폰을 다시 침실로 들여
  왔거나, 꺼두었던 알림을 다시 켰는가? 만약 그랬다면 그것이 옳은

결정이라고 생각하는가(평가하려는 의도는 아니다)?

○ 내 인생에서 무엇에 집중하길 원하는가?

"삭제한 앱 중에 아무것도 다시 설치하지 않았습니다. 잠잘 때 스마트폰은 부엌에 두고, 알림들도 다시 켜지 않았어요. 아주 기분이 좋고 정말 큰 변화가 생겼다는 걸 느낍니다."　　　─ 다라

이별을 축하합니다!

드디어 해냈다! 여러분은 스마트폰과 공식적으로 헤어졌다가 새로운 관계를 시작하는 데 성공했다. 그 관계가 여러분의 기분이 좋아지게 하는 관계이길 바란다.

그 모든 노력 덕분에 이제 여러분은 어떻게 하면 스마트폰을 통해 더 나은 삶을 영위할 수 있을지에 관해 분명히 알게 되었다. 스마트폰이 언제, 어떻게 자신의 기분을 나쁘게 하는지도 깨닫게 되었다. 여러분이 가지고 있던 과거의 습관 중 일부를 바꾸고 새로운 습관을 만들었다. 그 결과, 주인처럼 행세하던 스마트폰이 하나의 도구가 되었다. 여러분은 스마트폰으로부터 자기 삶을 되찾은 사람들의 무리에 합류하게 되었으며, 그런 사람들은 점점 늘고 있다.

요컨대 자기 자신에게 엄청난 선물을 준 셈이다. 이것이 바로 이별 과정의 마지막 훈련으로서 스스로를 더 사랑해줄 것을 제안하는 이유다. 완벽한 관계는 없다는 사실을 인정하고, 자기 자신에게 짧은 편지를 써서 스마트폰과 헤어짐의 과정을 완수해낸 스스로가 자랑스럽다는 이야기를 전하라. 지난 30일 동안 여러분은 어떤 변화를 겪었는가? 자신이 이루어낸 성과에 대해 어떻게 생각하는가?

선뜻 답이 생각나지 않는다면, 몇 가지 예시를 들어주겠다.

- 나는 스마트폰이 ＿＿＿＿＿＿＿＿＿＿＿＿＿(이)라고 생각했지만,

  지금은 ＿＿＿＿＿＿＿＿＿＿＿(이)라고 생각한다.
- 내가 배운 교훈은 ＿＿＿＿＿＿＿＿＿＿＿＿＿이다.
- 헤어짐의 과정을 통해 ＿＿＿＿＿＿＿＿＿＿＿＿＿을(를) 알게

  되어 행복하다.
- 헤어짐의 과정에서 ＿＿＿＿＿＿＿＿＿＿＿＿＿했던 나 자신

  이 자랑스럽다.

자신에게 보낼 메시지를 다 썼다면, 이별 과정의 초기에 자신에게 썼던 편지와 비교해보라. 잠시 시간을 들여 스스로 이룬 성과에 대한 자신의 공로를 인정해주어라.

"잠시 아무것도 하지 않고 가만히 앉아 있는 일을 더 잘하게 되었습니다. 잠깐 멈추는 거죠. 어젯밤, 제 남편과 지붕에 앉아 새를 지켜봤어요. 우리 삶에서 앞으로 나아가려는 힘이 얼마나 큰지 느끼게 되더군요. 제 본능으로는 그 자리에서 일어나 저녁을 준비하러 내려가고 싶었거든요. 하지만 잠시 멈추었더니 서두르고 앞서 나가려는 생각이 잦아들었습니다."　　　　　—걸렌

"스마트폰에 대한 주도권을 포기해야 해서 두려워하던 30일 전의 자신을 기억하나요? 흠, 전 여러분이 가치 있는 교훈을 얻었다고 생각합니다. 스마트폰에 대한 주도권을 포기하면서 더 많은 추억도 쌓았을 것입니다. 사실, 주도권을 포기하는 게 아니라 주도권을 되찾기 위한 일이었죠. 가족과 함께 있을 때 스마트폰을 내려놓음으로써 사랑하는 이들과 더 오래, 더 의미 있는 시간을 보내면 어떤 느낌을 받게 되는지 알게 되었으니까요.

자기 직전까지 보고 아침에도 가장 먼저 확인하던 스마트폰을 내려놓더라도 중요한 업무 이메일을 놓친 적은 한 번도 없고, 때문에 이튿날 아침에 일을 망치거나 일을 진행하지 못한 적도 없었습니다. 집에 스마트폰을 두고 동네를 산책해보니, 지난 4년간 살면서 몰랐던 동네 구석구석이 눈에 들어오더군요. 몇 시간 동안 맛집 찾기 앱을 검색해야 나오던 레스토랑들이 동네를 걸어 다니자 저절로 보였습니다. 영화를 보는 동안 스마트폰을 숨겨두었더니 저 남자 배우가 누구였는지, 다른 어떤 영화에 나왔었는지 기억해내기 위해 애를 써야 했습니다. 스마트폰으로 검색하느라 지금 보는 영화의 줄거리를 못 따라가는 일도 없고, 영화를 같이 보길 원했던 약혼자에게 대신 찾아보라고 시킬 수도 없었죠.

아마 아직도 여러분은 자신의 뇌가 심각하게 어리석은 짓임에도 때때로 화면 스크롤을 원한다고 느낄 것입니다. 그건 결코 잘못된 일이 아닙니다. 쿠키에 아이싱을 올리는 동영상을 25개가 아니라 5개만 보면서 뇌가 원하는 자극을 준 다음 동영상 재생을 멈추면 됩니다. 이제 여러분은 제한을 어느 정도까지 두어야 할지 알고 있고, 그건 멋진 일입니다." ―재닌

나오며

내 스마트폰과 헤어지기로 결심한 지 이제 2년이 좀 지났다. 스마트폰과 헤어지는 경험이 계속해서 내 일상을 풍부하게 해주고 있다는 사실에 나는 늘 놀라움을 금치 못한다.

오늘도 나는 여전히 내가 가는 곳이라면 거의 어디든 스마트폰을 가지고 다닌다. 스마트폰으로 사진을 찍고, 음악을 듣고, 길을 찾고, 일정을 관리하고, 사람들과 연락하고, 그리고 당연히 아무 생각 없이 주의력을 빼앗긴 채 빠져들곤 한다. 나는 내 스마트폰을 소중하게 여기며 스마트폰 덕분에 할 수 있는 모든 일에 감사한다.

하지만 나는 끊임없이 경계를 늦추지 않고 있기도 하다. 지금까지의 연구를 통해 나는 스마트폰이 주는 영향이 절대 사소하지 않다고 확신한다. 스마트폰은 우리의 대인 관계, 뇌(특히 어린아이의 뇌), 그리고 우리가 세상과 상호작용하는 방식에 심각한 영향을 미치고 있다. 스마트폰은 우리가 중독되도록 설계되었으며, 지금까지 내가 알고 있는 바에 따르면 이런 집단 중독의 결과는 결코 좋을 수 없다. 단순히 내 주변만 둘러 보더라도 스마트폰은 인간적으로 사는 일 자체를 변화시키고 있다.

우리는 대화를 시작할 필요가 있다. 개인적으로 그리고 사회적 차원에서 우리가 스마트 기기들과 진정으로 원하는 관계가 무엇인지에 관한 대화를 시작해야 한다. 그리고 우리는 테크 기업에 더 이상 우리를 조사하지 말고 우리의 '뇌 해킹'을 멈추라고 요구해야 한다. 그들이 주창하는 표면적 임무, 즉 인간을 이롭게 한다는 목적에 따라 제대로 행동하라고 말해야 한다.

요즘에도 나는 남편과 함께 일정이 허락될 때면 언제든 디지털 안식일을 갖는다. 스마트폰 사용을 완전히 그만두지 않더라도 사용량을 줄일 수 있다는 사실도 발견했다. 금연에 성공한 이들의 경우 담배를 피우는 생각만으로도 구역질이 나는 것처럼, 나 역시 스마트폰에 시간을 낭비하는 건 기분이 나빠지는 일이라고 연상되도록 했다. 이를 통해 스마트폰에 쓰는 시간을 최대한 줄일 수 있게 되었다.

이 방법은 나의 집중력 생성에 도움이 될 뿐만 아니라, 스크린 타임을 줄이면(오프라인 활동에 사용하는 시간을 늘리면) 나 자신이 충만한 느낌을 더 쉽게 받을 수 있단 사실을 발견하게 해주었다. 그리고 빛을 받으면 쉽게 사진의 색이 바래듯이 스마트폰에 지나치게 많은 시간을 쓰면 내 경험의 색도 옅어진다는 사실도 깨달았다. 내 주변의 진짜 세상에 더 많은 관심을 기울일수록, 그 생생함을 되찾을 수 있다.

　우리가 자각하는 것보다 인생에 주어진 시간은 적다. 하지만 동시에 우리가 생각하는 것보다 많은 시간이 있기도 하다. 스크린을 쳐다보느라 낭비했던 시간을 되찾아라. 그러면 자신의 가능성이 확장되는 경험을 하게 될 것이다. 그 수업, 그 책, 혹은 그 저녁 식사를 위한 시간이 여러분에게 있을지도 모른다. 그 친구와 더 많은 시간을 보낼 수 있을지도 모른다. 그 여행을 갈 방법이 있을지도 모른다. 가장 중요한 열쇠는 바로 스스로에게 같은 질문을 반복해서 묻고, 또 묻고, 그리고 계속해서 묻는 것이다. 이건 여러분의 인생이다. 자신이 무엇에 집중하길 원하는가?

감사의 말

WME의 에이전트, 제이 만델Jay Mandel과 텐 스피드Ten Speed의 편집자, 리사 웨스트모어랜드Lisa Westmoreland에게 감사의 마음을 전한다. 우리 모두 스마트 기기와 더 건강한 관계를 만들어갈 힘이 있다는 내 믿음을 그들 덕분에 공유할 수 있었다. 나의 실험에 참여해준 '기니피그'들에게도 큰 감사의 인사를 보낸다. 이 실험에 참여하기 위해 시간을 할애해주고 피드백을 공유해준 여러분에게 진심으로 감사드린다.

WME의 해외 에이전트, 재닌 카모우Janine Kamouh에게도 감사 인사를 전한다. 그녀 덕분에 해외 독자들에게, 그리고 그들이 스마트폰과 헤어지도록 선동할 전 세계의 편집자들에게 내 제안을 소개할 수 있었다(멋진 아이디어와 디자인을 내어준 영국 팀, 애정을 가지고 임해준 샌드라 오우터스Sandra Wouters에게 특히 감사하다). 나의 홍보 담당자이자 엑셀 전문가인 다니엘 위키Daniel Wikey, 프로덕션 매니저 댄 마이어스Dan Myers와 헤더 포터Heather Porter, 디자이너 리지 앨런Lizzie Allen에게도 감사를 보낸다. 내가 모니터에 써 내려간 단어들을 잘 변환시켜 실제로 사람들이 스마트폰을 내려놓고 읽고 싶어질 책으로 만들어줘서 감사하다.

변함없는 지지를 보내준 내 가족들, 지혜와 용기를 준 매릴린 프랭크Marilyn Frank, 걸렌 본Galen Born, 펠리시아 커비젤Felicia Caviezel, 크리스티 애쉬완덴Christie Aschwanden, 칼 비아릭Carl Bialik 에게도 고마움을 전한다. 뛰어난 편집 솜씨를 지닌 버네사 그레고리Vanessa Gregory와 조시 베레진Josh Berezin에게 감사드린다. 마지막으로, 그렇지만 당연히 가장 중요한 피터와 클라라에게 고마운 마음을 전한다. 엄마가 인생에서 집중하고 싶은 대상은 바로 너희 둘이란다.

들어가며

1　virtual-addiction.com/smartphone-compulsion-test.

2　*Deloitte*, 2016 Global Mobile Consumer Survey: US Edition; The market-creating power of mobile, 2016, pp. 4.

3　*Hacker Noon*, "How Much Time Do People Spend on Their Mobile Phones in 2017?", May 9, 2017.

4　*Deloitte*, 2016 Global Mobile Consumer Survey: US Edition; The market-creating power of mobile, 2016, pp. 4.

5　*Deloitte*, 2016 Global Mobile Consumer Survey: US Edition; The market-creating power of mobile, 2016, pp. 19.

6　Deepak Sharan et al., "Musculoskeletal Disorders of the Upper Extremities Due to Extensive Usage of Hand-Held Devices", *Annals of Occupational and Environmental Medicine*, no. 26(1), August, 2014.

7　Frank Newport, "Most U.S. SmartphoneOwners Check Phone at Least Hourly", Gallup, July 9, 2015.

8　Lydia Saad, "Nearly Half of Smartphone Users Can't Imagine Life Without It", Gallup, Economy, July 13, 2015.

9　Harris Interactive, 2013 Mobile Consumer Habits Study, 2013, pp.

4-5.

10   American Psychological Association, Stress in America: Coping with Change, 10th ed., Stress in America Survey, February 23, 2017.

11   Jose De-Sola Gutiérrez et al., "Cell-Phone Addiction: A Review", Frontiers in Psychiatry, 7, October, 2016.

12   Jean M. Twenge, "Have Smartphones Destroyed a Generation?", *The Atlantic*, August 3, 2017.

13   Adam Gazzaley and Larry D. Rosen, *The Distracted Mind: Ancient Brains in a High-Tech World, MIT Press,* 2016, pp. 152-157.;Larry D. Rosen, *iDisorder: Understanding Our Obsession with Technology and Overcoming Its Hold on Us*, St. Martin's Griffin, 2012.

PART 1 각성

1   Mark Anthony Green, "Aziz Ansari on Quitting the Internet, Loneliness, and Season 3 of Master of None", *GQ*, August 2, 2017.

2   '60 Minutes', season 49, episode 29, "What Is 'Brain Hacking'? Tech Insiders on Why You Should Care", CBS, June 11, 2017.

3   Nick Bilton, "Steve Jobs Was a Low-Tech Parent", *New York Times*, September 11, 2014.

4   Emily Retter, "Billionaire tech mogul Bill Gates reveals he banned his children from mobile phones until they turned 14", Mirror, April 21, 2017.

5   2014년, 정신장애 진단 및 통계편람(DSM-5)은 도박성 장애를 '중독으로 분류할 수 있는 장애 목록'에 공식적으로 포함시켰다. 비물질 관련 장애가 이 목록에 포함된 것은 처음이며, 이른바 '행동 중독'이 장애로 인정된 것 역시 최초다.

6   Norman Doidge, *The Brain That Changes Itself: Stories of Personal Triumph from the Frontiers of Brain Science*, Penguin Books, 2007, pp. 106. 노먼 도이지 지음, 김미선 옮김, 『기적을 부르는 뇌』, 지호, 2008.

7   Microsoft Canada, *Attention Spans*, Consumer Insights, spring 2015.

8   Adam Alter, *Irresistible: The Rise of Addictive Technology and the Business of Getting Us Hooked*, Penguin Press, 2017, pp. 67. 애덤 알터 지음, 홍지수 옮김, 『멈추지 못하는 사람들』, 부키, 2019.

9   '60 Minutes', season 49, episode 29, "What Is 'Brain Hacking'? Tech Insiders on Why You Should Care", CBS, June 11, 2017.

10   Bianca Bosker, "The Binge Breaker: Tristan Harris believes Silicon Valley is addicting us to our phones. He's determined to make it stop", *The Atlantic*, November, 2016.

11   Tristan Harris, "How Technology Is Hijacking Your Mind—from a Magician and Google Design Ethicist", *Thrive Global*, May 18, 2016.

12   Larry D. Rosen, *iDisorder: Understanding Our Obsession with Technology and Overcoming Its Hold on Us*, St.Martin's Griffin, 2012.

13   Adam Alter, *Irresistible: The Rise of Addictive Technology and the Business of Getting Us Hooked*, Penguin Press, 2017, pp. 127-128. 애덤 알터 지음, 홍지수 옮김, 『멈추지 못하는 사람들』, 부키, 2019.

14   Adam Gazzaley and Larry D. Rosen, *The Distracted Mind: Ancient Brains in a High-Tech World*, MIT Press, 2016, pp. 154-156.

15   Christopher Coble, "Is Apple Liable for Distracted Driving Accidents?", FindLaw(blog), October 21, 2016.;Matt Richtel, "Phone Makers Could Cut Off Drivers. So Why Don't They?", *New York Times*, September 24, 2016.

16   Tristan Harris, "How Technology Is Hijacking Your Mind—from a Magician and Google Design Ethicist", *Thrive Global*, May 18, 2016.

17   Timothy D. Wilson et al., "Just Think: The Challenges of the Disengaged Mind", *Science*, Vol. 345, no. 6192, July 4, 2014.

18   John Lanchester, "You Are the Product", London Review of Books, no. 16, August 17, 2017, pp. 3–10.

19   '60 Minutes', season 49, episode 29, "What Is 'Brain Hacking'? Tech Insiders on Why You Should Care", CBS, June 11, 2017.

20   Tim Wu, *The Attention Merchants: The Epic Scramble to Get Inside Our Heads*, Vintage Books, 2016. 팀 우 지음, 안진환 옮김, 『주목하지 않을 권리』, 알키, 2019.

21   위와 동일.

22   Evan LePage, "All the Social Media Advertising Stats You Need to Know", Social(blog), Hootsuite, November 29, 2016.;"U.S. Social Media Marketing–Statistics & Facts", Statista, The Statistics Portal, www.statista.com/topics/1538/social-media-marketing.

23   Nick Bilton, "Reclaiming Our (Real) Lives from Social Media", *New York Times*, July 16, 2014.

24   "Facebook Demetricator", Benjamin Grosser, bengrosser.com/projects/facebook-demetricator.

25   Holly B. Shakya and Nicholas A. Christakis, "Association of Facebook Use with Compromised Well-Being: A Longitudinal Study", *American Journal of Epidemiology*, Vol. 185, no. 3, February 1, 2017, pp. 203–211.

26   Holly B. Shakya and Nicholas A. Christakis, "A New, More Rigorous Study Confirms: The More You Use Facebook, the Worse You Feel", *Harvard Business Review*, April 10, 2017.

27   Jean M.Twenge, "Have Smartphones Destroyed a Generation?",The

Atlantic, August 3, 2017.

28   Antonio García Martínez, *Chaos Monkeys: Obscene Fortune and Random Failure in Silicon Valley*, HarperCollins, 2016, pp. 382.

29   Antonio García Martínez, *Chaos Monkeys: Obscene Fortune and Random Failure in Silicon Valley*, HarperCollins, 2016, pp. 320.

30   Antonio García Martínez, *Chaos Monkeys: Obscene Fortune and Random Failure in Silicon Valley*, HarperCollins, 2016, pp. 381- 382.

31   Sunim, Haemin, *The Things You Can See Only When You Slow Down: How to Be Calm and Mindful in a Fast-Paced World*, Penguin Books, 2017, pp. 65. 혜민스님 지음, 『멈추면, 비로소 보이는 것들』, 수오서재, 2017.

32   Adam Gazzaley and Larry D. Rosen, *The Distracted Mind: Ancient Brains in a High-Tech World*, MIT Press, 2016, pp. 133.

33   Eyal Ophir, Clifford Nass, and Anthony D. Wagner, "Cognitive Control in Media Multitaskers", *Proceedings of the National Academy of Sciences of the United States of America*, Vol. 106, no. 37, September 15, 2009, pp. 15583 - 15587.

34   Digital Nation, Interview with Clifford Nass, PBS, December 1, 2009.

35   Nicholas Carr, *The Shallows: What the Internet Is Doing to Our Brains*, W. W. Norton, 2011, pp. 120. 니콜라스 카 지음, 최지향 옮김, 『생각하지 않는 사람들』, 청림출판, 2011.

36   Eleanor A. Maguire et. al., "Navigation-related Structural Change in the Hippocampi of Taxi Drivers", *Proceedings of the National Academy of Sciences of the United States of America*, Vol. 97, no. 8, November 10, 1999, pp. 4398 - 4403.

37   Nicholas Carr, *The Shallows: What the Internet Is Doing to Our Brains*, W. W. Norton, 2011, pp. 115. 니콜라스 카 지음, 최지향 옮

김, 『생각하지 않는 사람들』, 청림출판, 2011.

38   Microsoft Canada, *Attention Spans*, Consumer Insights, spring 2015.

39   Nicholas Carr, *The Shallows: What the Internet Is Doing to Our Brains*, W. W. Norton, 2011, pp. 122. 니콜라스 카 지음, 최지향 옮김, 『생각하지 않는 사람들』, 청림출판, 2011.

40   "Plato on Writing", www.umich.edu/~lsarth/filecabinet/PlatoOnWriting.html.
      흥미롭게도, 소크라테스와 파이드로스의 대화를 다룬 이 책에서 플라톤은 기록된 단어에 대해 기록했다. 당시에는 기억이 정보를 기록하는 거의 유일한 방법이었기 때문에, 소크라테스는 문자언어의 발전이 사람들의 정보 기억 능력에 영향을 미칠 것이라고 우려했다.

41   George A. Miller, "The Magical Number Seven, Plus or Minus Two: Some Limits on Our Capacity for Processing Information", *The Psychological Review*, Vol.63, 1956, pp. 81 -97.

42   Nicholas Carr, The Shallows: What the Internet Is Doing to Our Brains, W. W. Norton, 2011, pp. 124. 니콜라스 카 지음, 최지향 옮김, 『생각하지 않는 사람들』, 청림출판, 2011.

43   Sayadaw U Pandita, *In This Very Life: The Liberation Teachings of the Buddha*, Wisdom Publications, 1992.

44   Adam Gazzaley and Larry D. Rosen, *The Distracted Mind: Ancient Brains in a High-Tech World*, MIT Press, 2016, pp. 139.

45   Division of Sleep Medicine, "Consequences of Insufficient Sleep", Harvard Medical School.

46   위와 동일.

47   Adam Gazzaley and Larry D. Rosen, *The Distracted Mind: Ancient Brains in a High-Tech World*, MIT Press, 2016, pp. 93.

48   Division of Sleep Medicine, "Judgment and Safety", Harvard Medical School, December 16, 2008.

49   Adam Gazzaley and Larry D. Rosen, *The Distracted Mind: Ancient Brains in a High-Tech World*, MIT Press, 2016, pp. 94.

50   Michael Hainey, "Lin-Manuel Miranda Thinks the Key to Parenting Is a Little Less Parenting", *GQ*, April 26, 2016.

51   Pema Chodron, "The Shenpa Syndrome", Awakin.org, March 14, 2005.

52   Judson Brewer, *The Craving Mind: From Cigarettes to Smart phones to Love—Why We Get Hooked & How We Can Break Bad Habits*, Yale University Press, 2017, pp. 13. 저드슨 브루어 지음, 안진이 옮김, 『크레이빙 마인드』, 어크로스, 2018.

53   Judson Brewer et al., "Mindfulness Training for Smoking Cessation: Results from a Randomized Controlled Trial", *Drug and Alcohol Dependence*, Vol. 119(1-2), 2011, pp. 72-80.

54   Judson Brewer, *The Craving Mind: From Cigarettes to Smartphones to Love—Why We Get Hooked & How We Can Break Bad Habits*, Yale University Press, 2017, pp. 29-30. 저드슨 브루어 지음, 안진이 옮김, 『크레이빙 마인드』, 어크로스, 2018.

PART 2 이별

1   Tim Wu, *The Attention Merchants: The Epic Scramble to Get Inside Our Heads*, Vintage Books, 2016, pp.353. 팀 우 지음, 안진환 옮김, 『주목하지 않을 권리』, 알키, 2019.

2   William James, *Principles of Psychology*, Dover, 1890, pp. 403-404. 윌리엄 제임스 지음, 정양은 옮김, 『심리학의 원리』, 아카넷, 2005.

3   James Bullen, "How to Better Manage Your Relationship with Your Phone", ABC, August 11, 2017.

4   Adam Alter, *Irresistible: The Rise of Addictive Technology and the Business of Getting Us Hooked*, Penguin Press, 2017, pp. 272. 애덤 알터 지음, 홍지수 옮김, 『멈추지 못하는 사람들』, 부키, 2019.

5 Adam Gazzaley and Larry D. Rosen, *The Distracted Mind: Ancient Brains in a High-Tech World*, MIT Press, 2016, pp. 203-205, 209.

6 Nassim Nicholas Taleb, "Stretch of the Imagination", New Statesman, December 2, 2010.

7 Anna Rose Childress et al., "Prelude to Passion: Limbic Activation by 'Unseen' Drug and Sexual Cues", *PLoS ONE*, Vol. 3, no. 1, January 30, 2008.

8 Shalini Misra et al., "The iPhone Effect: The Quality of In-Person Social Interactions in the Presence of Mobile Devices", *The Sage Journal of Environment and Behavior*, 48, issue 2, July 1, 2014.

9 Daniel J. Kruger, "What's Behind Phantom Cell Phone Buzzes?", The Conversation, March 16, 2017.

10 Caitlin O'Connell, "2015: The Year That Push Notifications Grew Up", Localytics(blog), December 10, 2015.

11 Adam Gazzaley and Larry D. Rosen, *The Distracted Mind: Ancient Brains in a High-Tech World*, MIT Press, 2016, pp. 179.

12 Pema Chödrön, *When Things Fall Apart: Heart Advice for Difficult Times*, Shambhala Publications, 1997, pp. 34. 페마 쵸드론 지음, 구승준 옮김, 『모든 것이 산산이 무너질 때』, 한문화, 2017.

13 Nicholas Carr, *The Shallows: What the Internet Is Doing to Our Brains*, W. W. Norton, 2011, pp. 51. 니콜라스 카 지음, 최지향 옮김, 『생각하지 않는 사람들』, 청림출판, 2011.

14 Maryanne Wolf, *Proust and the Squid: The Story and Science of the Reading Brain*, Harper Perennial, 2007, pp. 217-218. 매리언 울프 지음, 이희수 옮김, 『책 읽는 뇌』, 살림출판사, 2009.

15 Adam Gazzaley and Larry D. Rosen, *The Distracted Mind: Ancient Brains in a High-Tech World*, MIT Press, 2016, pp. 55-56.

16 Adam Gazzaley and Larry D. Rosen, *The Distracted Mind: Ancient Brains in a High-Tech World*, MIT Press, 2016, pp. 66-68.

17   Judson Brewer, *The Craving Mind: From Cigarettes to Smartphones to Love—Why We Get Hooked & How We Can Break Bad Habits*, Yale University Press, 2017, pp. 167, 175. 저드슨 브루어 지음, 안진이 옮김, 『크레이빙 마인드』, 어크로스, 2018.

18   Barry Schwartz, *The Paradox of Choice: Why More Is Less*, Ecco Press, 2016. 베리 슈워츠 지음, 김고명 옮김, 『점심메뉴 고르기도 어려운 사람들』, 예담, 2015.

19   Calvin Morrill, David Snow, and Cindy White, eds. *Together Alone: Personal Relationships in Public Spaces*, University of California Press, 2005.;Vanessa Gregory, "The Fleeting Relationship", *New York Times Magazine*, December 11, 2005.

20   Ralph Waldo Emerson and Stanley Appelbaum, *Self-reliance and Other Essays*, Dover Publications, 1993.

옮긴이 박지혜

대학교에서 영어영문학을 전공하고 일반 기업에 취직했다가 영어로 일하는 직업을 가지고 싶다는 오랜 꿈을 좇아 대학원에서 통번역 과정을 마쳤다. 현재 출판번역에 이전시 글로하나에서 다양한 분야의 도서를 리뷰, 번역하며 영어번역가로 활동하고 있다. 옮긴 책으로는 『무조건 팔리는 카피』가 있다.

스마트폰과 헤어지는 법

초판 1쇄 발행 2023년 12월 27일
초판 2쇄 발행 2024년 1월 15일

지은이 캐서린 프라이스 **옮긴이** 박지혜

발행인 이봉주 **단행본사업본부장** 신동해
편집장 김경림 **책임편집** 김윤하
디자인 최희종 **마케팅** 최혜진 이인국 **국제업무** 김은정 김지민
홍보 반여진 허지호 정지연 송임선 **제작** 정석훈

브랜드 갤리온
주소 경기도 파주시 회동길 20
문의전화 031-956-7366(편집) 031-956-7089(마케팅)
홈페이지 www.wjbooks.co.kr
인스타그램 www.instagram.com/woongjin_readers
페이스북 www.facebook.com/woongjinreaders
블로그 blog.naver.com/wj_booking

발행처 ㈜웅진씽크빅
출판신고 1980년 3월 29일 제406-2007-000046호

한국어판 출판권 ⓒ웅진씽크빅, 2023
ISBN 978-89-01-27754-7 03190